JN099137

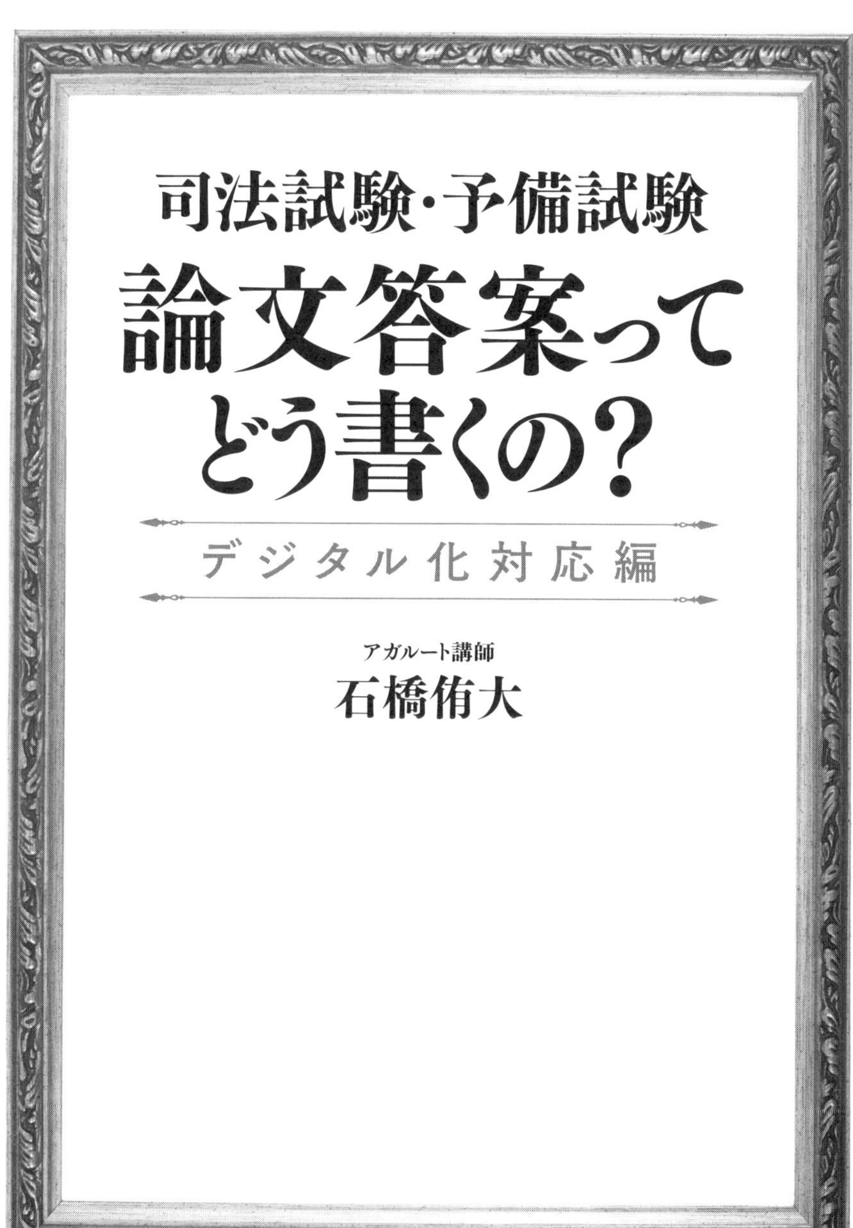

司法試験・予備試験

論文答案ってどう書くの？

デジタル化対応編

アガルート講師
石橋侑大

中央経済社

改訂・改題版刊行にあたって

みなさん，こんにちは。石橋侑大です。

旧版である『司法試験・予備試験Q＆A50　論文答案ってどう書くの？』が上梓されてから，早いもので約３年以上が経過しました。馬でいえば，３歳馬です。

おかげさまで旧版はさまざまな方に手に取っていただきました。

そして，「日々の学習の効率と質を上げることができました」「点を取るポイントを学ぶことができました」など，多くの賞賛の声をいただきました。私自身の予備試験・司法試験の受験生活及びその後の受験指導の経験から学んだノウハウを惜しみなく詰め込んだ，いわば我が子のような本ですから，そのような声は本当に嬉しく，かつ，励みになりました。

一方で，「もっと多くの情報が欲しかった」「実際の問題や答案と共に実況中継風に書き方を教えてくれるコーナーも欲しかった」など，厳しいご意見もありました。「愛の鞭」と真摯に受け止め，「次に改訂する際には取り入れよう！」と心に決めていました。

満を持して，司法試験のパソコン受験が予定されるという時機をもって，改訂・改題版を刊行することになりました。

改訂・改題版では，旧版に以下のような修正を加えています。

① 論文試験のデジタル化について１章分記載（※執筆現在では，未確定なことも多く，推測を含んだ内容もあります）。

② 短答式対策の章を廃止し，論文式対策の記載を増量。旧版出版後の指導において「これは受験生の役に立つな」と思ったことも追記。

③ 「予備試験の過去問を通じて論文の書き方を学ぶ章」として最終章を追加（※紙面の関係上，科目は民法のみ，また，過去問の解説をしているわけではありません）。答案例の構造を分析して限界まで言語化。

④ 「ゴウカクのじゅもん」として，モチベーションが上がる言葉を紹介（私の趣味によりアニメ・漫画中心）。

本書がみなさんの合格にお役に立てれば幸いです。

私も，「書店内の司法試験・予備試験コーナーの一角を石橋シリーズで埋め尽くす！」という大きな野望を果たすべく（遅筆ではありますが……），これからも邁進していきたいと思います。

2024年３月11日

劇場版『ウマ娘 プリティーダービー 新時代の扉』の公開を待ちながら

石橋　侑大

はじめに

みなさん，はじめまして。石橋侑大です。

私は，現在アガルートアカデミーという資格試験予備校の司法試験講座の専任講師を務めています。主に外部向けイベントの主催と個別指導を担当しています。個別指導では，月に約200通，年間約2,400通の答案を添削，日々受験生に接して相談を受けています。

いきなりですが，私は勉強が嫌いです。覚えるのが苦手ですし，昔から学問には全然興味がわきませんでした。小さい頃からサッカー中心の生活でした。しかし，サッカーで一流になれない……と悟ります。特にやりたいこともなく，ふらふらしていたところ，コンビニで『men's egg』と出会い，「ギャル男」になる。そんな中，無茶なチャレンジをしたくなり，「東大に行ってやる！」と大学受験。はい，２敗しました。まあ，普通の男です。

結局，別の大学に進学し，ギャル男として日々を過ごしました。「ギャル男」，今は死語かもしれませんが……1990年代後半に発祥した，前述の『men's egg』という雑誌に象徴されるスタイルです。私の頃は「ギャル」文化はやや下火でしたが，渋谷のプリクラのメッカ前に溜まり，プリクラを撮って，日サロに通って，マックに溜まって，と何か特に活動していたわけではありませんが，仲間と戯れていました。

そんなとき，東大を受験したときのような野望がわき上がります。

「**ギャル男弁護士になる！**」

ギャル男で弁護士ってカッコいい，モテそう，金稼げそうじゃん，ぐらいの感覚で司法試験の勉強を始めました。でも，勉強を始めてみると，現実は甘いものではありませんでした。

結局，就職していく仲間の中で，いつまでも自分だけが親のスネかじり。情けなかったですね。

勉強はしたくないけど，しないと合格できない。でも，正直遊びたい……。勉強と遊びの両立のために，いかに効率よく勉強するか，試行錯誤しました。必死でした。

本書は，私が予備試験ルートで司法試験に合格した体験をベースに，イマドキの受験生の「**リアルガチな悩み**」に対応する形で執筆しました。勉強に悩めるギャル男だったことも今となっては楽しい思い出。今はそんな私に，受験生も心を開いて悩みを打ち明けてくれます。圧倒的に多いのが「論文が書けない」「書いても点数がつかない」という悩み。なので，本書では論文式対策に圧倒的に重きを置きました。名付けて『司法試験・予備試験Q＆A50　論文答案ってどう書くの？』。本書を読んでいただければ，きっと「書けない」悩みを解決できる糸口を見出せるはずです。

最後に，書籍刊行の希望を聞いて出版社につないでくださったアガルート代表の工藤北斗先生，髪のセットに朝50分，週３で日サロ，とギャル男全盛期だった頃の姿を見て「あんたの髪の毛見てるとストレス溜まるのよ！」と言いつつ，見捨てず愛をもって応援し続けてくれた両親に，この本を捧げたいと思います。

アガルートアカデミー司法試験専任講師

石橋侑大

ギャル男時代の私

現在の私

もくじ

ごうかくのじゅもん

人にできて，きみだけにできないなんてことあるもんか
▷ドラえもん『ドラえもん』（小学館）

第1章 論文式デジタル化に備える

あなたは　司法試験に　合格したい。

▷司法試験のデジタル化　対策を　する。

司法試験は　変わらない。

司法試験の　勉強法を　変える。

手書きが　一番。

1 論文式デジタル化は福音か？

字が汚いみなさん！　黄金時代の到来です!?

2023年４月１日，法務省は「司法試験等デジタル化推進企画係」を設立し，2026年の司法試験のCBT（Computer Based Testing）化開始を目標に準備を進めることを発表しました。いわゆる司法試験のパソコン受験です。これまで長い間パソコン受験を望む声がありましたが，ようやく動き出しました。

パソコン受験に限らず，司法試験はこれまで数度の制度改変（ex.旧司法試験の廃止，短答式試験の科目削減等）を経てきました。そこには必ず良い面もあれば悪い面もありました。

ただ，パソコン受験の開始は，字が汚い受験生にとって追い風となるのは間違いありません。これまでの司法試験の「採点実感」には，以下の記載が頻繁にありましたから。

令和５年司法試験 憲法 採点実感より抜粋

７　形式面について

⑴　極めて小さな字で書かれたものや，あまりにも字が汚いものなど，判読不能な答案が一定数あった。採点者が判読できない部分は記述がなかったものとして採点せざるを得ず，その結果，採点上不利となることに改めて注意されたい。

このように，これまでの手書きでの論文式試験においては，「元々字が汚い人」「元々汚いわけではないが急ぎすぎたあまり字が汚くなった人」「字のうまさにかかわらず字を小さく書きすぎた人」などは採点上不利となってきた可能性があります。

もちろん，合格者の発表後のコメントを見聞きしている限り，全体的にかなり汚い字で書いたと思われる答案であっても評価がついていて，「試験委員の先生方はかなり優しい気持ちで採点にあたっているのだろうな」と思っています。ただ，採点実感を読む限り，書かれていないものとして読み飛ばされた結果，点数が入っていない人がいたのも事実です。

パソコン受験が始まれば，こういった失点の危険性がなくなります。司法試験・予備試験は実務家登用試験ですから，法的思考力や事務処理力が求められるのは当然ですが，字が上手いか否かは無関係です。そういった意味で，より公平な試験制度といえると私は思います。

「字が汚すぎて判読不能判定をされることが怖いから，字を綺麗に書く練習をする」という本末転倒な試験対策をする受験生もいましたが，そんなことに時間を割くくらいなら法律の勉強をしたほうがいいですからね。

字が汚すぎて判読不能扱いをされる危険性がなくなるというのは，受験生からすれば大きなメリットです。

圧倒的軽減！　腱鞘炎からさようなら

「論文を起案しすぎて腱鞘炎になった」という受験生が毎年ちらほらいます（私は経験ないですが……）。試験直前に腱鞘炎になってしまい，絶望したという受験生もいました（結局，気合いで何とかしたそうですが，気合いで乗り越えるにも限度がありますからね……）。

確かに，予備試験の答案用紙は１枚あたり22行を４枚，司法試験の答案用紙は１枚あたり23行を８枚です。１行あたり30文字で計算すると（私は１行の文字数は30～35字程度と多めです），予備試験では４枚すべて起案すれば2,640字，司法試験では８枚すべて起案すれば5,520字もあります。

たった１科目でそれだけ書かなければならないわけです。

予備試験は10科目（基本７科目＋民事実務＋刑事実務＋選択科目），司法試験は８科目（基本７科目＋選択科目）ありますから，起案はかなり腕を酷使するとわかります（まだ起案したことがない人に向けて表現すると，ペヤングソース焼きそばでたとえると「激辛以上獄激辛未満」の辛さというところでしょうか……）。

手首や腕を使うことが苦ではない方は筆記だろうがタイピングだろうが気にならないかもしれませんが，腱鞘炎の不安におびえる受験生からすれば最高の制度改革です。

挿入や書き直しが容易に

私は多くの答案の添削をしています。割と多いのは，挿入がやたら多くて読みづらい答案や，斜線や二重線で書き直しをしている答案です。

また，「正式な挿入や書き直しの仕方を知らないな」という挿入や斜線による修正も多いです（本番の答案用紙の表面の注意書きに記載されているのですが……）。

起案している最中に，急いで挿入や修正をしているということは，もちろん採点する試験委員の先生方もある程度織り込み済みで許容してくださっていると思います。

ただ，度を超えた挿入や書き直しの多用があると，文章構造を読み取ること自体が難しくなります。「何を書いてあるのかがわからないから論旨が不明という扱いにしよう」という判断が下されてもおかしくありません。

私も年に数通，そのような答案に遭遇します。「頑張って読んでも何が言いたいのかがわからない」場合，点数を付与するわけにはいきません。本試験でも同様の判断を下す採点者はいるのではないかと思います。

パソコン受験になれば，挿入したければ前の文章に戻ってタイピングでき，修正したければ修正箇所のみを選択して消せるので，こういった事態を防げます。

答案構成の時間が増える可能性

パソコン受験になり，問題文がどう変わってくるかにもよりますが，一般的に筆記よりもタイピングのほうが起案スピードも上がります（キーボードに一切触れたことがないというのであれば別ですが……）。つまり，答案構成に割く時間が増える（＝起案に割く時間が減る）ことが推測されます。

手書きの場合，字を書く速さに個人差があります。たとえば，私は１行35字程度で答案用紙１枚あたり13分半ほどかけて起案をしていました。ただ，受験生の中には，頑張っていろいろな努力をしても１枚15分かかる人もいれば，もともと10分近くの人もいます。その差が，パソコン受験によってなくなり，答案構成の時間が増えることは，時間がかかる人にとってはメリットしかありません。

実務を見据えたスキルアップ

WordやExcel，PowerPointのスキルは，実務処理の効率化に大きくプラスになります。こういったスキルは基本的には自分で習得するほかはありません。

しかし，人間は必要に迫られなければ動かない怠惰な生き物で，そもそもパソコンに触れる機会が少なければ，自らスキルアップすることはなかなかありません。

パソコン受験が導入されれば，否が応でもパソコンに触れる機会が増えます。試験の話ではありませんが，働き始める前にパソコンスキルが向上できるのはいいことです。

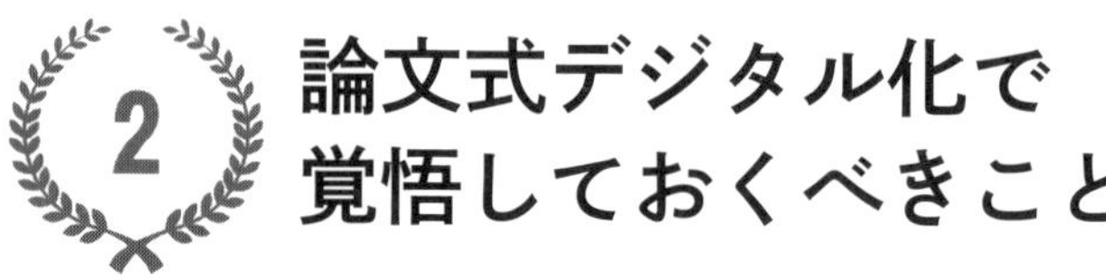

2 論文式デジタル化で覚悟しておくべきこと

タイムマネジメントが逆に難しい？

司法試験・予備試験は「制限時間付きの点取りゲーム」です。

形式的途中答案（「以上」まで書けずに途中で終わっている答案）や実質的途中答案（「以上」まで書いているものの，書こうと思っていた部分を書く時間がなく無理やり「以上」までこぎつけている答案）を避けなければなりません。

タイムマネジメントの観点からパソコン受験について考えると，「論述スピードが上がるし，タイムマネジメントがしやすくなりそうだな」と思うでしょう。

ただ，受験生の中には神経質だったり，完璧主義だったりする人もいます。答案の細部の表現が気になってしまい筆が止まる，問題提起が気に入らなくて考えすぎた結果，点が取れる規範定立あるいはあてはめ部分を削らざるを得なくなるなど，論文式試験においてその性格がネックになりかねません。

パソコン受験になれば，細かい修正が可能となるため，文章やナンバリング等の形式面が気に入らなければ文字を消して何度でもやり直せます。そうなると，修正の沼にはまり，気づいたら時間がなくなっていてタイムアップ……となりかねません。

現行制度においても，過度に神経質であったり完璧主義なのは弊害が大きいですが，パソコン受験開始後は，その弊害が一層深刻になる可能性があります。

問題文がボリュームアップ or 難化する可能性

一般的に筆記よりもタイピングのほうが論述スピードは上がるだろうと前述しました。試験委員もそう考えているとすると，出題傾向が変化することが考えられます。これまで，手書きを前提に問題文の分量やレベルを調整していたはずで，それがタイピングに変わるのであれば，それに伴う調整があるのは必然です。

では，どう変わるのか。

まず考えられるのは難易度が変わらず，問題の量が増える可能性です。「起案が早くなるならもっと多くの問題解けるやろゴルァ‼」という「パワープレー」系です。ただ，答案用紙の枚数制限を現状のままとする限り，この可能性は低いでしょう。

予備試験及び司法試験の論文式試験は論じる事項が非常に多いです。現時点でも，科目によっては求められている論述を起案すれば最終頁（場合によっては最後の行）まで達してしまうボリュームです。

答案用紙の枚数を現状維持とする場合，問題文の分量を増やしてしまうと，必然的に１個１個の論述量を減らす必要がありますが，スカスカの答案になりかねません。

他方，量を増やさず，理論的に難しい問いが増える可能性があります。

要は，「タイピングによって起案スピードが上がるわけだから，考える時間が増えるということだよね。だったらより思考力を問う面白い問題を出して受験生には脳みそに汗をかいてもらおう‼」という「脳汗最高！」系です。

最近の司法試験は，今まで固定的だった設問の立て方を柔軟に変化させる傾向にあります（ex.刑法の見解対立問題等）。これは受験生の思考力をより柔軟に試す（観察する）意図があると思われますが，この傾向にマッチします。

より顕著になる受験生の表現力の差

パソコン受験になると，「字の読みやすさ」は均一化され，「全員読みやすい」字となります。しかし，いくら字が読みやすくなっても，答案という文章の集合体を受験生が起案することには違いありません。文章力の差はより顕著に見えるでしょう。

「一文が長くて読みにくい」「主語が落ちている」「指示語の指示する対象が漏れている」「そもそも日本語が変」といった文章は，筆記だろうがパソコンだろうが変わりません。

司法試験・予備試験に必要な文章表現力のトレーニングを怠ると，「書けたと思っていたのに評価が悪い」という主観と客観のズレが生じます(現在もそのような受験生は多くいますが……)。

制度移行期特有の精神的不安が増大

制度が変わる際は，「試験問題の傾向が変わったらどうしよう」「本番のパソコンが使いづらかったらどうしよう」など，不安は付き物です（特に前者が最大の不安材料でしょう）。

「自分の力でどうしようもないことは考えても仕方ない」と私は考えているのですが，そういうマインドを持てない受験生も多いです。不安は結局，事前に想定して対策を練ることでしか小さくできないのですが，人によってはパソコン受験は大きなデメリットになるかもしれません。

パソコン受験化によって変化する可能性があるのは出題傾向だけではなく，IT系試験のように筆記用のペンが使用禁止となり，マーキングや答案構成を画面上でなんとかしなければならなくなる可能性もあります。制度の変更があれば，普段の学習時に養うべき能力が変わるのです。しっかりと制度の変更点及びそれにともなって必要となる，養うべき能力を見定めなければなりません。

3 変化の時代に求められる柔軟さ

タイピングスキルをアップして損はない

タイピング技術は個人差がかなりあります。北斗百裂拳ばりに音速ブラインドタッチができる人がいる一方で，キーボードに慣れるところからスタートする方もいるでしょう。

いずれにせよ，本試験までにタイピングスキルは「並レベル」にはしたいところですし，可能であれば音速ブラインドタッチに持っていきたいところです。タイピング練習ができる無料サイトはたくさんありますから，早め早めにタイピングスキルの向上に努めておくとよいと思います。

答案構成が肝

パソコン受験が始まれば，挿入や書き直しが容易になります。すると，ザックリ構成して起案開始，「後から直せばいいや」「詳しくはあとから考えればいいや」という気持ちが芽生えがちです。そして，ある程度書き進めてから間違いに気づき，起案し直す……これ，いくら**タイピングによって起案スピードが上がっても，リカバリー不能**です。

また，考えながらタイピングし，「気づいたら残り時間がかなり短くなっていた」というパターンも考えられます。試験時間は思っているよりもあっという間に流れます。「タイピングだから何とか巻き返せる」という過信は禁物です。**とにかく，答案構成はキッチリやるべき**です。

タイムマネジメントが大事

現行の試験でも同じですが，パソコン受験でも，自分が答案用紙１枚を何分で書けるのか，それを予備試験なら×４，司法試験なら×８して試験時間から引いて，答案構成に最大で割ける時間は何分なのかを算出しておくべきです。これを把握することにより，試験中に想定以上の時間を答案構成に費やしてしまったとしても，その場で対処できます。

誤変換インフレーションが起きる!?

現行の試験でも，漢字の間違いについては採点実感で数多く指摘されています。パソコン受験になれば，誤変換による漢字間違いは増えるでしょう。変換後の漢字には必ず目を通すべきでしょう。

誤変換しがちな法律用語について，X（旧Twitter）で募集したところ，受験生や普段起案していたり，法律書籍を執筆していたりする実務家の方からたくさん集まりました。「これはわかる」というものから，「これは気づかないとマズイだろ」という笑えるものまで50個挙げておきます。

【誤変換しがちな法律用語】

①違憲⇔意見
②意思⇔意志，医師
③おそれ⇔恐れ
④外観⇔概観
⑤過料⇔科料
⑥確定⇔画定
⑦瑕疵⇔菓子，歌詞
⑧貸金⇔貸し金
⑨機会⇔機械
⑩規則⇔羈束
⑪規程⇔規定
⑫既判⇔規範
⑬脅迫⇔強迫
⑭決裁⇔決済
⑮減軽⇔減刑
⑯権原⇔権限

⑰ 憲法⇔拳法
⑱ 顕名⇔顕明
⑲ 故意⇔恋
⑳ 故意責任の本質⇔恋責任の本質
㉑ 広告⇔公告，抗告
㉒ 後者⇔甲社
㉓ 拘留⇔勾留
㉔ 誤想過剰防衛⇔誤送
㉕ 債権⇔債券
㉖ 私法⇔司法
㉗ 受任⇔受忍
㉘ 傷害⇔障害，生涯
㉙ 召集⇔招集
㉚ 心裡，審理⇔心理
㉛ 心裡留保⇔心理留保
㉜ 清算⇔生産，精算
㉝ 全焼⇔全勝，前章
㉞ 相殺⇔総裁，葬祭，惣菜，総菜，総歳
㉟ 遡及⇔遡求，訴求
㊱ 対等額⇔対当額
㊲ 直截⇔直接
㊳ 追及⇔追求，追究
㊴ 提示⇔呈示
㊵ 適正⇔適性
㊶ 手続⇔手続き
㊷ 根抵当⇔寝て伊藤
㊸ 発布⇔発付
㊹ 引渡し⇔引き渡し
㊺ 非難⇔避難
㊻ 物権⇔物件
㊼ 保障⇔補償，保証
㊽ 民法⇔民放
㊾ 無効⇔向こう
㊿ 領得⇔両得

勉強スタイルもDX化しない手はない!?

私自身は，紙と書籍とペンというアナログで予備試験・司法試験を突破しました。ただ，論文試験がデジタル化されるのであれば，デジタルツールに慣れることは必要です。また，どんどんデジタルツールも進化していますので，うまく使えば効率もUPします。

私の講座の教え子やXで，勉強DX化のアイデアを募集したところ，以下のようなものが集まりましたのでご紹介します（iPadとGoodnotesに偏っていますが，回し者ではございません……）。

【勉強法のDX化のアイデア】

Aさん

・iPadですべて完結するようにしていました。アプリ（Goodnotes）に，アガルートや伊藤塾のテキストを入れ，同時に物書堂の六法をiPadのSplit Viewで２画面にして開いていました。動画も同時再生可能なので便利でした。

Bさん

・iPadの画面を２分割できる機能が役立った。スキャンした教材をGoodnoteで自由に編集して，もうこれなしでは勉強できないという状況だった。

Cさん

・司法試験の参考書は大変な量なので持ち歩くのが大変。すべてスキャンしてiPadに入れることで，重さから解放された。

・テキストを複数広げる必要がなく，カフェや電車の中などでも勉強が可能になり，勉強に取り掛かるハードルが下がった。

・iPadは手書きに最適なので，iPadに対応したタッチペン１本で済み，文房具も持ち歩かずに済んだ。ペンやマーカー，写真張り付け，スタンプ挿入等，さまざまな機能があるので，自分好みのノートが作れる上，ノート内の文字検索が容易で，調べたいものにすぐにアクセスできるのも便利だった。

・Goodnotesは，デジタル化した参考書等を読み込み，書き込みもできるので，予備校等で配布された資料も瞬時にその場でアプリを使ってスキャンしてノート化していた。スキャンしたものを連結するなど自由にアレンジできるのも便利だった。

・iPadのマルチタスク機能で効率的に勉強が可能。

　＜２画面表示＞講義視聴しながらテキストを見たり，参考書とノートを同時に使ったりした。

　＜スライドオーバー＞別画面の上（前面）に小さなウインドウを表示する機能を使い，六法や論証集を表示させておいて，即座に参照できるのが便利だった。

<**マルチウインドウ**>動画の場合に限り，小さい画面で見ることができる機能を使い，動画を視聴しながらノートをとったり，PDF化したテキストに書き込みをしたりしていた。

・起案した答案をスキャンしてファイル等に整理し，すぐに見直したり，追加で書き込みをしたりしていた。

・iPadはキーボードを繋げて入力もできるので，タイピングが早くなる。起案する際は，Word，Googleドキュメント，Apple純正メモを使っていた。

ごうかくのじゅもん

明日からがんばるんじゃない。今日…今日だけがんばるんだ。今日をがんばった者…今日をがんばり始めた者にのみ……明日がくるんだよ……！
▷大槻班長　『賭博黙示録カイジ』（講談社）

第2章

予備試験・司法試験のラスボスは「論文式」

司法試験を　攻略　したい。

　▷論文式対策　を　押さえる。

　短答式に　受かれば　それで　よい。

　ラスボスは　無視。

　自らの　やり方で　貫く。

まずは受験資格のしくみを知る

受験資格のための法科大学院と予備試験

これから司法試験の勉強を始める方に向けて，そのしくみについてざっくりとお話しします。

まず，今の制度のもとでは，誰でも，いつでも司法試験を受けられるわけではありません。**司法試験を受験するには，法科大学院**に入学した後に在学中受験制度を利用する，あるいは卒業する，または，**予備試験に合格することが必要です。**

法科大学院ルートの場合は，毎年の夏から冬にかけて実施される法科大学院入試に合格し，在学中受験制度を使えば在学中に，そうでなければ既修者コースだと2年，未修者コースだと3年の院生活を送った後に司法試験を受験できます。おおよそ，私立の法科大学院は8月から9月に入試が実施され，国立の場合は11月半ばに実施されています。なお，法学部3年間と法科大学院2年間の5年一貫教育を可能にする法曹養成制度（法曹コース）の場合，5年間の教育を受けた後に司法試験を受験できるようになります。

他方，予備試験の場合は，毎年7月半ばに実施される短答式試験，9月頭に実施される論文式試験，年明けの1月末に実施される口述式試験に合格すれば，その翌年から司法試験を受験できます。予備試験の受験資格に制限はなく，学生，法科大学院生，社会人問わず誰でも受験することができます。

受験は５回まで

そして司法試験は，受験資格を獲得してから５年間に５回受験ができますが，その間に合格できなければ資格を失うので，再度法科大学院に入学するか，予備試験に合格しなければなりません。

法科大学院ルート

法科大学院

（２〜３年，法曹コースの場合は学部を合わせて５年，なお，在学中受験制度あり。）

司法試験

予備試験ルート

予備試験

合格

司法試験

ごうかくのじゅもん

一つだけ教えておこう。きみはこれからも何度もつまづく。でもそのたびに立ち直る強さももってるんだよ

▷大人になったのび太『ドラえもん』（小学館）

試験科目を知る

予備試験と司法試験，旧司法試験

予備試験と司法試験，旧司法試験を図解すると，以下のようになります（あくまでも筆者のイメージです)。**予備試験は基礎をメインに応用を少し，司法試験は予備試験より応用が多く問われます**。いずれにしても，基礎をしっかり叩き込むことは不可欠です。

ちなみに旧司法試験は，予備試験や司法試験と比べると理論面が難しく，事案が短いという特徴があります。

それぞれの試験のイメージ

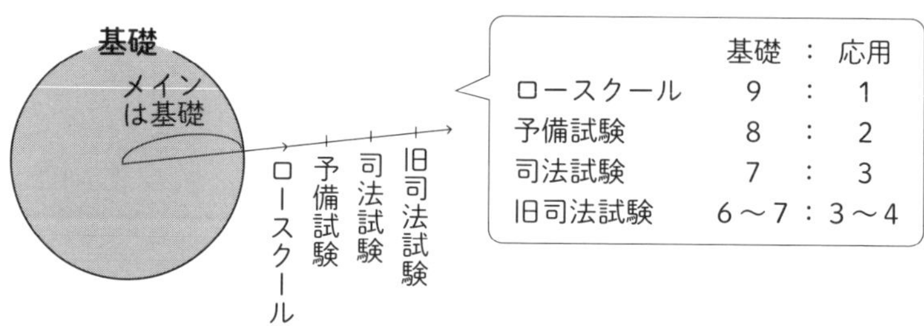

予備試験短答式の試験科目

予備試験短答式の試験科目は以下の通りです。

公法系：憲法／行政法

民事系：民法／商法／民事訴訟法

刑事系：刑法／刑事訴訟法

一般教養科目：人文科学／社会科学／自然科学／英語

予備試験短答式の満点は270点で，合格ラインは160～170点（年により変わる）です。

短答式においては，そもそも学ぶ範囲に限界がないので，完全に知識を覚えきれることはいつまでもありません。なので，基本書の通読を１周した段階や，予備校のインプット講座で科目を受け終えた段階で，どんどん過去問を解き始めましょう。本当に講義内容を覚えているかという復習用のツールとして，これ以上のものはありません。過去問をインプットした知識の復習に用いるのです。

結局，「実戦に勝る修業はない」（by『幽遊白書』）んですよね。

予備試験論文式の試験科目

予備試験論文式の試験科目は以下の通りです。

【法律基礎科目】

公法系：憲法／行政法

民事系：民法／商法／民事訴訟法

刑事系：刑法／刑事訴訟法

【選択科目】

倒産法／租税法／経済法／知的財産法／労働法／環境法／国際関係法（公法系）／国際関係法（私法系）から１科目を選択

【法律実務基礎科目】

民事訴訟実務／刑事訴訟実務／法曹倫理

予備試験口述式

予備試験口述式は，民事実務と刑事実務の２科目について実施されます。基本的に９割以上の受験生が落ちないので，落とすための試験ではありませんが，予備校の模試を受けるなどして，練習するようにしましょう。また，ただの知識確認の場ではなく，面接だと考え，スーツ着用，髪も黒くして，試験官にいい印象を抱いてもらえるようにしましょう（ぎゃる男の私でさえちゃんと黒くしましたよ！）。

司法試験の試験科目

【短答式】

憲法，民法，刑法

【論文式】

公法系：憲法及び行政法に関する分野の科目

民事系：民法，商法及び民事訴訟法に関する分野の科目

刑事系：刑法及び刑事訴訟法に関する分野の科目

選択科目：倒産法，租税法，経済法，知的財産法，労働法，環境法，国際関係法（公法系），国際関係法（私法系）から１科目選択

コラム　最小限の努力で最大効果を出す方法は？

司法試験に合格するためには，圧倒的な勉強量が必要です。それは事実です。けれどストイックになれない，禁欲できない，遊びたい……。受験生の私は煩悩に悩んでいました。

たどり着いた結論が，「最小限の努力で最大の効果を出す勉強法を探そう」でした。勉強方法を考え，最適なメンタルコンディションを整えようとする

「ただ，それだけ」ですが。
　たくさんの人のブログや合格体験記を読み漁りました。周囲からしたら無駄な努力をしている，遊んでいるようにも見えたかもしれません。けれど，「急がば回れ」。
　この頃に悩みながら勉強法を主体的に取捨選択したのは，よかったと思います。本書も，みなさまの役に立てればと思って執筆していますが，「鵜呑み」はダメ，絶対。自分に合うか主体的に取捨選択してくださいね！

コラム　集中力を高める10策

「集中できないです……」こんな悩みを抱える受験生は多いのではないでしょうか。
　集中できないと勉強が進まず，あっという間に１日が過ぎて，自分に失望して気力が萎える。このサイクル，断ち切りたいですよね。
　そこで，私が受験生時代におこなっていた集中力向上法を10個伝授いたします。平凡なので，役に立つかわからないですけど（笑）。

①靴下を脱ぐ……足がスースーして爽快感を得られます
②レッドブルを飲む……翼が生えたような気分になります
③１時間の勉強の合間に音ゲーを１曲挟む……私はラブライブ派です
④こめかみを押しまくる……すっきりします
⑤少し寝る……寝ると頭がすっきりします。よだれ注意
⑥アニメを分断して観る……勉強の合間にアニメを10分だけ観ます。早く続きが観たいから頑張って勉強します
⑦スマホをカバンにしまう……単純に勉強量が上がります
⑧フリスクを食いまくる……目覚めます
⑨勉強する場所を変える……自習室，カフェ，自宅，図書館，サイゼあたりを行き来していました
⑩自分にご褒美を与える……ご褒美があれば，人は頑張れます

基礎期ほど大切で大変なことを覚悟する

インプット期がとにかく量が多くてしんどい

当然決まりはありませんし，人それぞれでしょう。集中して５時間勉強するのと，スマホに気をとられながら10時間勉強するのとを一律に比べることはできません。私も四六時中勉強していたわけではなく（遊ぶことを諦められなかったので……），メリハリをつけていました。

大事なのは勉強の時間数ではなく，質です。もちろん，一定の勉強時間の確保は必要ですが，毎日10時間以上勉強し続けなければならないとしたら，私は今頃廃人です。たとえば私は，夜の８時に飲み会をセッティングして遊ぶ時間を設け，あえて自分を追い込むことで勉強に集中していました（ドＭですが)。そうすると，「あと○時間で終わらせないと……！」となり，その○時間の集中力が飛躍的に高まったんです。

ただ，司法試験の勉強は，次頁の図のように基礎期がとにかく量が多くてしんどいです。成績もなかなか伸びません。そこで諦めてしまう方が多いのですが，論文の考え方を学び，勉強方針をシッカリ固めることができると一気に伸びます。

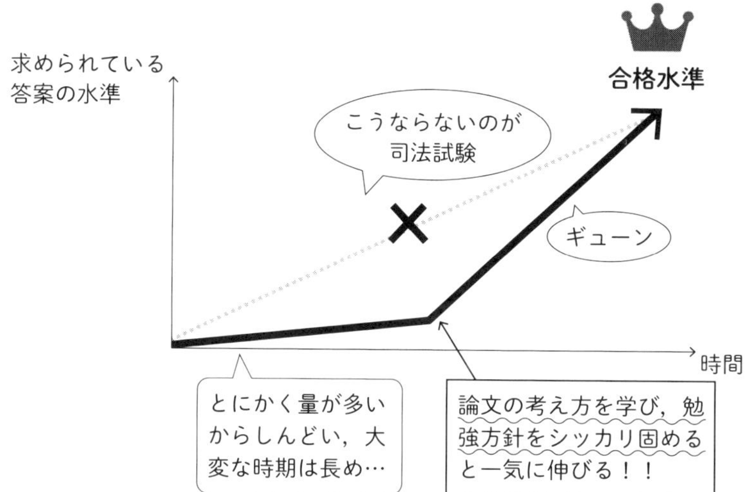

コラム　しんどいときこそ，ギャル男魂

私は，司法試験の勉強を始めた最初の頃，とにかくインプットに対して逃げ腰でした。実際，センター街に逃げたことがありますし，ここが耐えられなかったから短答式も２回落ちました。落ちてやっと自分の不甲斐なさに気がつきました。

「落としてくれてありがとう！　絶対にナンバーワンで合格してやる！」と決心。「今度こそ，昨日の自分に勝つ，去年の自分に勝つ」という強いハートをもって浪人生活を送りました。「ギャル男魂見せつけたるわ!!!」って感じですかね。日サロだけはポリシーとして試験直前まで通いました。なお，結局今も通っておりまして，おかげ様でプラチナ会員になりました（笑）。

司法試験はたしかにしんどい。けれど，勉強できるのも恵まれているからこそ。受験仲間もいる。ポジティブに考えて，できるだけ楽しく乗り切りましょう！

短答式と論文式は対策法が違うことを知る

短答式はとにかく勉強量がものをいう筋トレのようなもの

私は予備試験の短答式に２回落ちています。敗因は，知識のストックが圧倒的に足りなかったことです。１回目に落ちたときに，恩師（現・アガルートアカデミーの谷山政司先生）から「インプットができていないから落ちるのは当たり前，来年までに穴をなくして必ず合格しよう。合格するには過去問の正答率を100％にするだけで大丈夫！」と言われて勉強を決意したのに，三日坊主で２回目も落ちました。

さすがに３回目で奮起して合格しますが，振り返ってわかることは，単純に勉強量が足りなかったのです。**毎日コツコツ筋トレのように勉強する，それが短答式に合格する唯一無二の秘訣です。**

ただ，やみくもにパワープレーで押し切れといっているわけではありませんので，その点は注意してください。

短答式試験の場合，コスパのいい科目や分野が存在します。たとえば，会社法は比較的細かい知識を問うことが多いのでコスパは低めですし，憲法の中でも統治分野は人権分野に比べればコスパは高いです。つまり，その特性を活かしたメリハリのある勉強をすることが有効な対策になります。

また，事例形式の選択肢を普段の学習時に解く際は，答えだけを想起する（ex.「ふむふむ。あ，94条２項の第三者に無過失を要求しないのが判例だから，この選択肢は間違っているな」）のではなく，論文思考で解く（ex.「ふむふむ。論文的に言えば，請求権は～になって，要件は～で，それを検討すると～で，94条２項の要件を検討すると～で，『第三者』の解釈は～で，そこでは無過失は要求されないからこの選択肢は間違っているな」）べきです。このように短答式試験の勉強を行えば，同時に論文式試験対策にもなります。どうやって勉強すれば効率化できるかという視点が重要です。

論文式は人食い沼

論文式はまさに人食い沼。何度も同じ過ちを繰り返す人を見ます。私も司法試験の論文式で１回落ちました。そこで敗因分析をし，恩師や周りの意見を取り入れ，勉強法や答案の書き方を見直しました。その結果，合格。

論文式はまさに恋愛。客観的に対策をしないと，間違った方向にズブズブとはまり，永遠に合格から遠ざかります。恋愛に適切なアドバイスってほしいですよね。私は日々恋愛相談……ではなく，論文式が苦手な方の相談を受けています。なので，恋愛アドバイザー……ではなく論文の書き方のアドバイザーとして，私以上のプロフェッショナルはいない，という自負をもって普段から指導業務にあたっています。

なので，本書では論文式で合格答案を書く方法を解説します。

予備論文と司法論文の違いを知る

問題文は司法試験が3倍程度長い

予備試験と司法試験の論文式における大きな違いとして，まず事実の量があります。司法試験の問題文は，予備試験の3倍程度の長さです。「事実の量が3倍だから試験時間も3倍か？」と言われると，もちろんそうではないため，司法試験では**膨大な量の問題文を時間内に，正確かつスピーディーに読み解く力**が求められます。

たとえば，行政法においては，予備試験の場合は問題文が事実関係で1～2頁，個別法で1～1.5頁ほどです。それに対し，司法試験の場合は事実関係で2頁，誘導で2頁，個別法で3頁ほどの分量になります。

分量に着目した違いだけでなく，厳密には，司法試験のほうが事実関係が複雑になっていたり，誘導を読み解く読解力が要求されたり，個別法の複雑さが予備試験よりも格段にアップしています。それゆえ，仕組み解釈に時間がかかります。

やはり予備試験と司法試験では問題のグレードは圧倒的な差があるといえます。

司法試験は応用力が問われる

また，難易度にも違いがあります。

p.16にも挙げたように，基礎と応用の割合は，予備試験が8：2，司法試験が7：3といったところでしょうか。

この基礎と応用というのはその定義づけが難しいところです。たとえば，論点ではなく条文を軸とした答案（適用される条文を示し，その要件をすべて検討し，必要があるときに要件を解釈していくような答案）が求められている点には変わりがありません。つまり，条文を軸にすることはある意味で基礎です。

また，要件の定義，趣旨，『判例百選』への掲載判例の論点に関する問題の所在，規範，典型事例に対するあてはめも基礎と言えば基礎でしょう。

他方，判例や条文の射程を問う問題は応用と呼べます。判例の射程については憲法でよく議論されるイメージがあるかもしれませんが，何も憲法に限った話ではありません。判例や条文の射程を問う問題については予備試験でも出題がありますが，その数はさほど多くなく，やはり司法試験に多い出題のされ方という意味で，応用に位置づけられます。

再現答案を分析するかぎり，**司法試験も予備試験と同様に基礎の部分で合否は決まり，応用の部分に答えられなくても合格できてしまう**のですが，難易度に違いは存在します。

このように，予備試験と司法試験には違いがあり，司法試験については，過去問で長文を読解する対策をしなければなりません。

コラム　司法試験には「正しい勉強方法」がある

司法試験は資格試験です。資格試験に合格するためには目的に応じた勉強をする必要があります。たとえば，英語を勉強すると一口にいっても，「外国人と日常的なコミュニケーションをとりたい」場合と「TOEICの点数をアップさせたい」場合では，勉強方法が違いますね。

勉強方法というのは「目的との関係」で決定しなければなりません。司法試験に合格することが目的なのであれば，法律の学者になりたい方とは勉強すべきことが違うことを理解しましょう。勉強方法を間違うと，いつまでたっても合格には近づけません。

コラム　周りが優秀すぎて引け目を感じたら

生徒から「周りが優秀すぎて死にたいです」という悩み相談を受けることがあります。

でも，周りを気にしている時間はありません。そもそも，優秀かどうかは試験の結果だけで判断されるので，試験に受かる前に優秀かどうかなんて考えることが無駄です。

周りではなく自分に目を向けましょう。まだまだだと思ったならば，勉強すればいいだけです。自分に自信がないから周りを気にしてしまう。だったら，自分に自信がつくまで勉強しましょう。

道を切り開くのは自信と勇気です。

ごうかくのじゅもん

それによ…… 落ちこぼれだって必死で努力すりゃエリートを超えることがあるかもよ
▷孫悟空 『ドラゴンボール』（集英社）

第3章
論文式対策は「恋愛」である

あなたは　司法試験に　合格したい。

▷試験委員が求める　論述形式を　知る。

独自の書き方を　追求する。

書き方なんて　既に知っている。

つかれたので　休む。

論文式対策はアプローチの仕方で決まる

アプローチの仕方が重要

私は受験時も，講師として教えている今でも，論文式対策は「恋愛」だと思っています。個別指導の際，生徒に対して「論文式対策は恋愛と同じように考えればいいんだよ」とアドバイスしています。大抵の場合，失笑されますが（笑）。

どういうことかというと，**論文式対策は，好みの異性へのアプローチと同じ**ということです。要は，アプローチの仕方を間違えると，どんなに努力をしても実らないのです。

採点実感で相手の好みを知る

たとえば，好きな人が「私，焼肉が好きなんだ。特に赤身！」と言っていたとします。この人を食事に連れていく際，どのような店をセレクトしますか？　赤身が美味しい焼肉屋を予約しますよね。

焼肉が好きな女性を，「魚が食べたい」という自分の気分で寿司に連れていきますか？　要するに，「相手の好みをリサーチし，それをデートプランに組み込みつつ，自分のことを好きになってもらえるようアプローチする」ということです。

すべての場合にあてはまるわけではないかもしれませんが，基本的には上記のようなアプローチになると思います。

一方，司法試験にはいわゆる試験委員がいます。試験委員は毎年，本試験を作成し，採点をします。そして，採点をした結果である「採点実感」

を法務省のホームページで公表します。

この採点実感ですが，かなり意訳すると，「私が好きなタイプの答案は○○だから，○○を基本として私にアプローチをしてくれたら，私はコロッと落ちちゃうわ」といった，いわば試験委員の好みがすべて書かれたものです。

試験委員が求めるものが「過去問」に詰まっている

受験生は，試験委員が求める答案を作成しなければ合格できません。自分なりには満足できた答案でも，試験委員のお眼鏡にかなわなければ不合格です。

そして，採点実感に書かれている，**試験委員が受験生に求めているものがすべて詰まったのが過去問**です。

恋愛同様，合格するには，「相手（試験委員）の好みを（採点実感で）リサーチし，それ（点数が付くポイント）をデートプランに組み込み（普段の勉強に取り入れ）つつ，自分のことを好きになってもらえるようアプローチ（本番で答案上に表現）する」必要があります。

寿司答案ではなく肉答案を書くためにも，採点実感でアプローチの仕方を分析し，過去問でアプローチの修業をすることが不可欠です。

相手の好みに合わせる

or

ごうかくのじゅもん

最後まで…希望を捨てちゃいかん　あきらめたらそこで試合終了だよ
▷安西先生『SLAM DUNK』（集英社）

過去問は試験委員の好みが書かれたプロフィール

論文式に必要な知識とは

論文式対策として重要なのは以下の２つです。

① 論文式に必要な知識を理解・暗記すること
② 理解・暗記した知識を採点者に伝わるように答案上に反映すること

②については後述しますが，①における１つの指標は，過去問です。過去問にある論点は出題されないといった話をたまに耳にしますが，過去問に登場する知識は，試験委員が重要だと思うから出題されたのであって，その重要性は年度が変わっても変わらないはずです。

そうだとすれば，その知識に関する問題が形を変えて再度出題されることが予想できるので，**過去問で出題された条文，判例，分野，論点は論文式に必要な知識**ということになります。もちろん，一般に重要といわれる論点をインプットするのは当然です。過去問を解くにも一定の知識は必要なので，この点は疎(おろそ)かにしないようにしましょう。

その際に指標となるのは『判例百選』。過去問を分析すると，その出題のほとんどは，この本に掲載されています。**判例百選に掲載されている判例を理解することは，予備試験・司法試験の論文式を突破するにあたって不可欠**です。

過去問のメリットとは

よく「初見の問題に慣れるために過去問より答練の問題を解くべきですか？」という質問を受けます。

たしかに，単なる知識の確認のためだけに過去問を利用するならば，同じ知識が出題される可能性は高いとはいえないので，過去問を解く意味はあまりないかもしれません（とはいっても，同じ条文，判例，解釈が再度出題されることもありますが……）。

ただ，過去問にはもっとたくさんの使い方があって，それらはすべて本試験の合格に直結するのです。以下，メリットを挙げていきます。

①　本番のクオリティを知ることができる

まず，過去問により本番のクオリティを知ることができます。

本試験の過去問は，名だたる学者や実務家で構成された試験委員が時間をかけて作っているわけです。正直，このクオリティは，予備校では再現できない唯一無二のものです。

②　応用問題への対応力を養える

基本的な問題は，落ち着いて三段論法を意識しながら起案できても，難しい問題になったとたんに文章が崩れるのは「受験生あるある」ですよね。

これは，三段論法という法律答案の本質的な考え方が身についていないからです。つまり，論証を覚えているだけということ。

結局のところ，基本問題だろうが応用問題だろうが法の解釈を問うているのに他なりません。そして，法の解釈の手法はさまざまなものがあります。

基本的な視点は，やはり条文文言から導かれる形式的帰結と条文の趣旨から導かれる実質的帰結です。この視点を駆使して法を解釈すること自体は，基本問題でも応用問題でも同じなのです。

つまり，応用問題にしり込みする必要はありません。ただし，大前提として，「応用問題である」ことに気づくためには，基礎基本が盤石なものになっていることが必要です。基礎基本が「液状化」状態であれば，そもそも応用問題であることの峻別すらできません。この視点を持ったうえで，その訓練をするのに最適なのが「過去問」なのです。

過去問をこなしていれば，条文を示し，条文の要件をみて１つ１つの要件を充足するか否かを確認し，解釈が必要な要件のみ解釈して事実をあてはめる訓練が自然とできます。本番でどんな問題が出ても焦りません。

③　出題傾向を知ることができる

過去問は，いわば試験委員の恋愛遍歴。一定の好み，つまり出題傾向があります。

たとえば，憲法の問題には必ず下敷きとなる判例が存在しますが，事実関係が少しずれています。これは「判例の射程」というもので，過去問は，この判例の射程を論じるように作問されていることが多いです。

また，憲法では予測に基づく規制類型が出ることがありますが，過去問をこなすことで，「この問題文の作りは，あの年と同じ。だから，害悪発生の蓋然性審査がメインになる。予測に基づく規制類型の合憲性であることを意識した論述を行おう」と，出題趣旨に沿った論述ができるようになります。

当事者の生の主張・不満という形で条文選択，法律構成のヒントが与えられることも作問の傾向です。本当にこれは顕著ですね。

行政法の場合，年度によっては個別法の構造も似ていることがあります（法の作り方が一定になるのはある意味当然ではありますが）。それを分析したり感覚として身につければ個別法を読むスピードも上がります。

行政法以外にも民法では，何の論点もなく，ただ条文にあてはめること自体が目的と考えられる問題が出される傾向があります。条文にただあてはめるだけで答案の7～8割が完成してしまうのです。特に，この「何の論点もない問題が本試験で出される」という意識をもっておくことはとても大切です。その観点がない受験生は，いざその問題を前に「あれ？　なんで論点がないんだろう？　たぶん論点に気づけていないんだ。まずい……」という思考過程を経て，ないはずの論点を探し，問題にならないことを延々と書き，そうして採点表から外れてしまうのです。

ちなみに，市販の問題集は，論点ごとに問題を構成しています。なので，何の条文，判例，論点が出るかがわからない状態で問題を解く訓練は，過去問でなければできません。

④　インプットの軸となる知識を把握できる

インプットテキストを全部復習しようとしても時間が足りないという声をよく聞きます。全体をまんべんなくインプットしていくのではなく，軸となる知識をまずはカチッと固めて，じわじわと周辺知識を広めていきましょう。まず，この図を見てください。

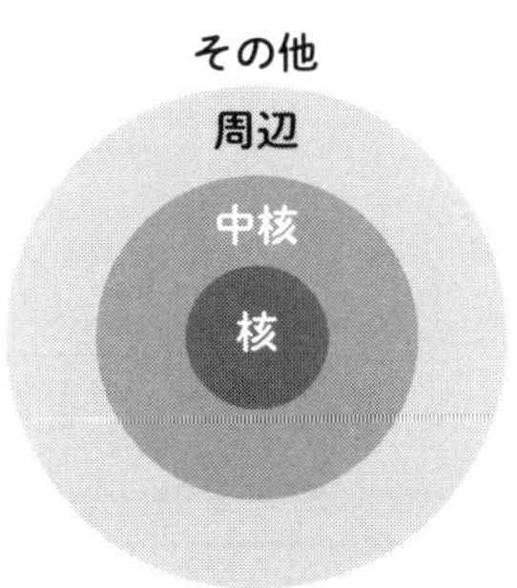

核，中核，周辺，その他という分類の内容については，大体以下のようなものだと考えてください。

核

論文過去問で出題された条文の要件効果に関する基本的知識（条数，要件効果の分類，要件の定義，論点の問題の所在，論証，典型事例に対するあてはめ辺りのことを指しています），条文がないものに関しては当該論点

中核

百選掲載判例で用いる条文や論点から核を引いた残り

周辺

予備校の論文対策問題集から中核と核を引いた残り

その他

予備校のインプットテキストから核，中核，周辺を引いた残り，短答プロパー等の細かい知識

このような分類をした場合，やはりまずもって固めるべきは「核」の部分です。そして次に「中核」，それから周辺へジワジワとインプット範囲を広げていきます。インプットゾーンを広げていけば，非常に効率的なインプットが可能になってくると思います。あくまでイメージ論なので必ずしもこの通りにうまくいくわけではない（核を学ぶ過程でその他もインプットすることになることはあるでしょう）と思いますが，効率化の一助にはなるはずです。

ただし，このような軸固めは最初からできるわけではありません。過去問に触れなければ核の部分を特定することはかないません。核の特定のためにも，過去問演習は有用なのです。

コラム　司法試験は夢をかなえる武器になる

「ギャル男弁護士になる」と言って司法試験に合格しましたが，その経験を受験生に伝えたく，司法試験講座の講師として働いています。「石橋さんだと悩みが話しやすい」とよく言われます。

昔から夢はたくさんありましたが，今でもやりたいことが絶えないです。飲食店の経営やテレビのコメンテーター，ファッション関係や好きなアニメ業界にも携わってみたいです。ええ，ピーターパン症候群と言われます。

まあ，司法試験に合格する前は，ただの変なギャル男と言われても仕方がなかったです。けれど，合格して行動した結果，さまざまなご縁に恵まれ，実現しつつある夢もあります。司法試験に合格することは，夢をかなえる武器を手にすることだな，と思います。

ごうかくのじゅもん

逃げちゃダメだ
▷碇シンジ「新世紀エヴァンゲリオン」

3 相手（過去問）に釣り合う自分になる

まずは典型的な事例問題から

過去問が大事。とはいえ，いきなり過去問を解ききることは難しいため，ステップアップ方式で問題演習を行いましょう。まず典型的な事例問題をこなしてから，過去問に移るんです。

論点がほとんどないような問題からスタートして，理解が進んできたら複雑な問題に挑む。具体的には，以下のような感じです。

ホップ	いわゆる典型論点のみの問題
ステップ	ロースクール入試レベルの問題
ジャンプ	予備試験や司法試験の過去問

このステップアップ方式で勉強すれば，無理なく自分のレベルに合わせた進捗が可能になります。とはいえ，問われ方や問われる内容の傾向は早期に把握したほうがよいので，**なるべく早い時期から過去問に触れる**ようにしましょう。

解けなくてもいいから触れるんです。

ただし，この「なるべく早い時期」というのは個人差やいろいろな考え方があります。私としては，本書の読者の方はステップの段階から，少しずつ解いてみるといいと思います（私が所属するアガルートアカデミーの講座でいえば，重要問題習得講座を解いているレベルになります）。

この段階の目標は，「敵と自分の距離を知る」ことや，「傾向把握をザックリと前倒しで行っておく」ことにあります。もちろん，全年度分を解く必要はありません。

ある１年分の問題文の熟読・分析，答案構成だけをやってみて，解説答案例を見て，「何ができなかったのか」「なぜできなかったのか」を考えるだけでも有用です。

たとえばそこで「過去問は条文に形式的にあてはめるだけで意外と分量をとるんだな。普段から条文に対する意識を強く持とう」というように，何らかの本試験に対する意識が芽生えれば勝ち組です。

典型論点の処理ができない受験生が多い

いわゆる典型論点と呼ばれる重要問題を正確に処理できる受験生は，司法試験受験生ですら少ないのが現実です。学習が進んでも，ホップの段階で学んだ**典型論点の処理は忘れない**ようにしましょう。

なお，典型論点の処理というと，論証を覚えることと勘違いする受験生がいます。

ここでいう典型論点の処理は，「当該論点が生じる典型的な事実関係を把握する」「適用条文の要件効果を把握する」「論点が発生する要件効果を特定する」「論点の問題の所在を把握する」「規範定立における理由付け部分と最終規範の意味を理解する」「あてはめにおける抽出すべき事実及びそれに対する評価を確認する」までが含まれます。

また，どの段階においても，自分の目的に応じた勉強方法を意識する必要があります。規範部分のインプットに自信がないのであれば，論証集を作成あるいは購入して理解に努める，答案構成力を上げたいのであれば，ひたすら問題演習を構成レベルで繰り返す，判例の理解が甘いのであれば，判例学習に特化する，などですね。

過去問に早く触れる！

過去問

早い段階から過去問に触れることで，出題傾向やレベルを身をもって知ることができ，それがその後の勉強の指針となります。

コラム　だって覚えられない

「なんで覚えられない？」とできない自分に幻滅すること，あると思います。結局勉強は「自分との戦い」なんですよね。でも，その戦いを終えて，獲得した忍耐力・努力・セルフマネジメント力は貴重な財産になっていると実感しています。

自分との戦いではあるけれども，支えてくれる家族，友人，勉強仲間がいる。受験をしたことで感謝が芽生えましたし，つながりも深まりました。

毎日大変だとは思いますが，きっとその経験はこれからの人生，もちろん弁護士として活躍するにあたっても意味があるはずです。

ごうかくのじゅもん

奇跡を待つより捨て身の努力よ！
▷葛城ミサト「新世紀エヴァンゲリオン」

採点実感はラブレターのように読み込む

採点実感には3つのタイプがある

司法試験は恋愛と同じで，相手のタイプを分析し，それに沿ったアプローチをしなければなりません。ここで大切なのが，採点実感の分析です。採点実感を大きく分けると，以下3つのタイプがあります。

① 「考えている部分が表れている答案には高い評価を与えた」「問題文には当事者の不満といった観点からヒントをちりばめている」「一般に民法の考え方としては～」といった全年度に共通する一般的な観点を示したコメント
② 「この設問は～である」といった当該問題固有のコメント
③ 「答案は～といった形で書いてほしい」「受験生には○○という論述が多かったが，本当は△△という論述をしてほしかった」といった，いわば試験委員が求めている論述像を示したコメント

全年度に共通する一般的な観点を示したコメント

一般的な指摘は必ず吸収しましょう。たとえば，憲法や民法の問題文中には，当事者の不満という形で論じてほしい内容についてのヒントが明示的に記載されています。

近年この傾向が顕著ですが，この当事者の不満をちりばめた問題文の構造は，新しいものではなく，かねてより採点実感でずっと指摘されています。

それにもかかわらず，生の主張をメインー争点として法律構成しようと考える受験生は意外に少ないのです。

当事者の生の主張に着目して法律構成し，あてはめは事実の抽出のみならず法的評価を加えることが優秀答案だ，と採点実感に書いてあるのを見逃しています。

なんとなく採点実感を眺めるのではなく，全年度に共通する一般的なコメントをもとに，自分の問題文の読み方，答案構成，答案上の表現を修正し，さらには，普段の学習方法も見直す必要があります。

私は，憲法の採点実感を項目ごとに分けてまとめることで，試験委員の意図を吸収していました。

トピックは自分で立てる

重要と思う部分に線引き

すべて原文のままで拾う。勝手にまとめて意味が変わらないようにする

特に大事な部分は☆マーク

2　審査基準の立て方

(1)　審査基準の内容を正確に理解することが，必要不可欠である。中間審査基準における目的審査で「正当な目的」とするのは誤りである。中間審査基準では，「重要な目的」であることが求められる。合理性の基準で求められる「正当な目的」の意味・内容を正確に理解してほしい（20年採点実感）

(2)　審査基準論を展開するが，なぜその審査基準を採用するのか，また，本件の事案に適用した場合にどうなるのか，について丁寧に論ずる必要がある。「厳格な審査が求められる」と一般的な言い回しをしながら，直ちに「厳格審査の基準」あるいは「中間審査の基準」と書くことには，問題がある。合理性の基準よりも審査の厳格度が高められるものには，「厳格審査の基準」と「中間審査の基準」とがあるので，なぜ，どちらの基準を選択するのかについて，説明が必要である（20年採点実感）

(3)　……例えば，広い裁量があるというのみでは，説得力のある答案にはならない。事案に即して裁量の中身を議論する必要がある（22年採点実感）

(4)　……Xの主張では厳しい（場合によっては極端に厳しい）審査基準を立て，想定されるYの反論では緩やかな審査基準を立て，あなたの見解では中間的基準を立てるというように，問題の内容を検討することなく，パターン化した答案構成をするものが目立った（22年採点実感）

(5)　その際，どのようなものでも審査基準論を示せばよいというものではない。審査基準とは何であるのかを，まず理解する必要がある。また，幾つかの審査基準から，なぜ当該審査基準を選択するのか，その理由が説明されなければならない。さらには，審査基準を選択すれば，それで自動的に結論が出てくるわけではなく，結論を導き出すには，事案の内容に即した個別的・具体的検討が必要である（22年採点実感）

(6)　目に付いたのは，表現の自由の制約基準について，いきなり緩和した基準を持ち出す点である。原則がどうで，どのように緩和するのか，あるいは緩和できるのか，という説明がない（20年ヒアリング）

当該問題固有のコメント

たんに当該年度にしかあてはまらないコメントは，自分の理解が誤っていた場合は修正し，論証集に採点実感の要約をメモしておく程度でよいでしょう。

私は，論証や判例をまとめたファイルの当該論点部分に司法試験・予備試験の出題年度，問われ方，自分の誤った理解と採点実感からわかった正しい理解の要約を記す作業を全科目で行いました。

これにより，本試験の事実関係を思い出せて，具体的なイメージをもって論点を復習することができました。

また，「この論点について○○といった誤った解釈をしている答案もあった」といった，誤った例に関するコメントもあります。

その際は読み飛ばすのではなく，「なぜその解釈が誤っているのか」を検討するようにしましょう。誤りの理由が言えないかぎりは，自分の理解も100パーセントにはなりません。

試験委員が求めている論述像を示したコメント

これは，答案の形式に関するものと内容に関するものが存在します。形式については，たとえば憲法では以前から「原告はフルスケールで述べることを前提に」「被告の反論はコンパクトな形で記載してもよく」「争点に対する判断はあなたの見解の部分で具体的に論じることを求めている」といった，主張反論型の答案の書き方に関するコメントがされてきました(司法試験に関しては，平成30年からは主張反論型ではなくなりましたが)。

一方，内容については，たとえば刑事訴訟法の伝聞・非伝聞の区別では，「立証趣旨を参考にしつつ具体的な推認過程を示しながら要証事実を確定してほしい」といったコメントがされています。

まさに答案の書き方に直結する部分ですから，自分で書き上げた答案を，採点実感に記載されている内容に関するコメントを利用して自己添削してみてください。この作業を経ることで，自分の答案を試験委員の好みに修正できるようになります。

告白を受け止める！

採点実感による試験委員の告白を受け止めること，それが論文式を突破する最短かつ合理的な方法です！

分析する時間がないという方は，ぜひ拙著『司法試験・予備試験　出題趣旨・採点実感アナリティクス――論文対策の道しるべ』を活用してください。

相手（試験委員）に伝わる論文答案とは

恋愛も試験も伝えることが大事

理解・暗記した知識は，採点者に伝わるように答案上に反映しなければなりません。恋愛でも，自分の思いを的確にぶつけないと，相手には気持ちさえ伝わりませんよね。それと同じです。でも，このとても大切な点をわかっていない受験生があまりにも多い。あなたの頭の中で理解しているか否かはどうでもいいのです。試験委員に伝わるか否か，それだけがすべてです。

問いに答える

まず，最も大事なのが，「問いに答える書き方をしなければならない」ということです。意外とできない受験生が多いのが実情です。

「問い」はいわば採点項目リストのようなものですから，具体的であればあるほど，「書くべき事項」と「書いてはならない事項」が明らかになります。したがって，受験生としてはそれに沿って論述していかなければならないということになります（誘導がある科目はまさに誘導が問いの一部になっているわけですから，そこから論じるべき事項を読み取らなければならないわけですね）。

具体的に見ていきましょう。

たとえば，民法で「AB間の法律関係を論ぜよ」という問いが出たとします。

この場合は問いが抽象的です。つまり，この問いから読み取れる事項はありません。ただし，民法の場合は，問いがどうであれその多くは請求権を立てる者を特定し，その請求権が何かを考えていくことからスタートすることになります。

そうすると，問いに答えることを意識した答案の冒頭は以下のように書けばよいわけです（請求権は事案に応じて変更してください）。

1　AはBに対して民法（以下，略）121条の２第１項に基づく原状回復請求権として代金500万円の返還請求をすると考えられる。

（なお，民法以外の科目でも，一定程度ではありますが書き出しは定型的になります。初学者の方で論文答案の書き出しが苦手な方は，頭で考える前に数問問題演習をしてみて，いくつかの問われ方に対する書き出し方を答案例から盗んでおきましょう。

また，オウム返しも有効です。問題文をオウム返ししつつ自分で土台（要件）を設定して，それを検討していく形で書き出せば迷うことはありません。

行政法を例に挙げると，「Xに原告適格が認められるか」という問いでしたら，「Xに原告適格が認められるためにはXが「法律上の利益を有する者」（行政事件訴訟法９条１項）に当たればよい。そこで以下，検討する。」のようにオウム返しを駆使して書き出せばよいわけです。）

そして，このように請求権を定立した後は，要件を把握して，要件を１つ１つ検討します。

答案の書き方という面から見ると，以下の２つのパターンがあります。

①　要件を示してから要件ごとに検討する書き方

②　要件を前出しすることなくいきなり検討する

私は要件が少ないとき（２～４個）は前出しして，それ以上の時は前出ししないという民法用のマイルール（民法以外では前出しすることはないと思います）を決めています。ただ，正解がある部分ではないので好みによるところでしょう。

残り時間が厳しい場合は必ず②のパターンで書きましょう。要件の羅列自体に点数はないからです。いずれにしても，①と②を文章化すると以下のようになります。

①の例

2　上記請求が認められるための要件は「債務の履行として給付を受けた」こと，および，「無効な行為に基づく」ことである。以下，検討する。

3⑴「債務の履行として給付を受けた」につき，～なので「債務の履行として給付を受けた」といえる。

⑵「無効な行為に基づく」につき，～なので「無効な行為に基づく」といえる。

4　以上より，上記請求は認められる。

②の例

2⑴「債務の履行として給付を受けた」につき，～なので「債務の履行として給付を受けた」といえる。

⑵「無効な行為に基づく」につき，～なので「無効な行為に基づく」といえる。

3　以上より，上記請求は認められる。

ここでは，初学者がわかりやすいように，民法の超シンプルな例を挙げました。ただ，予備試験だろうと司法試験だろうとどの科目だろうと，問いに答えることが重要なのは共通です。ですから，常に問われている事項の分析を正確に行い，それを答案に反映させる意識を持ち続けてください。

三段論法を意識する

三段論法というのは非常に多義的であり奥深いものです。法律答案を起案する上では三段論法をなるべく徹底する（時間との関係であったり，サブであるとの理由から三段論法を崩すことがあるので，常に守らなければならないわけではありません。そのため，なるべく徹底という言葉を用いています）ことが非常に重要です。

しかしながら，「結局，三段論法で起案するってどういうこと？」という疑問を持っている受験生も多いでしょう。

まずは難しいことは考えずに「規範定立→あてはめ→結論」の流れを守ることだと押さえておけばいいでしょう。

ただ，これが妥当するのは論点だけです。

もう少しわかりやすく，かつ，端的に「三段論法で起案する」の意味内容をお伝えすると，「法律論→事実論→結論」の流れを守ろうという話に尽きるのではないかと思います。

具体例として刑法130条前段の「侵入」を挙げてみましょう。

三段論法を徹底すると以下のようになると思います。

「侵入」とは住居権者の意思に反する立ち入りを意味する（法律論）。

↓

甲は強盗目的でＡ宅に入っている。住居権者であるＡは甲の目的を知っていたならば立ち入りを拒否したと考えられるので，甲の行為は住居権者の意思に反する立ち入りと言える（事実論）。

↓

したがって，甲の行為は「侵入」にあたる（結論）。

これを，法律論を先行させることは維持しつつもやや崩します。

「侵入」につき（法律論），Aは甲の強盗目的を知っていたならば立ち入りを拒否したと考えられるので，甲の行為は住居権者Aの意思に反する立ち入りと言える（事実論）。

↓

したがって，甲の行為は「侵入」にあたる（結論）。

特に，民法の「債務」のように，特段定義がないような要件はこの論じ方をすると三段論法を守りつつスマートに論じることができるでしょう。

他方，ガッツリ三段論法を崩します。

甲が強盗目的でA宅に入った行為は（事実論），住居権者の意思に反する立ち入りと言え（法律論），「侵入」にあたる（結論）。

これは一番コンパクトに論じられる形ではありますが，事実から入ることで三段論法を略式にしている点がベーシックな三段論法との違いになります。

どの場面でどういう論じ方をするのかという判断は演習を重ねて経験値を上げるしかありません。少なくともメインは三段論法をガッツリ守り，サブになればなるほど崩していくという感覚です。

平成20年司法試験 憲法のヒアリングには，「答案を採点して気が付いたのは，第一に，法的三段論法が身に付いていないと言わざるを得ない答案が余りにも多かったことである……この点は，法律家・実務家として命の部分であり，そこがなぜできていないのか，ということを考えさせられた」と書かれています。

他方，平成29年司法試験 刑法の採点実感では，「本問は……事実認定上又は法律解釈上の重要な事項については手厚く論じる一方で，必ずしも重要とはいえない事項については簡潔な論述で済ませるなど，全体のバランスが取れるように工夫して答案を構成し，最後まで書き切ることが求められていた」と述べられています。

なお，論点を展開する際に問題提起を規範定立の前に挿入するか否かは人によります。問題の所在を示しつつ条文の要件効果の解釈であることが伝わるような問題提起を行えば，採点者にこれから何を書くのかという点や理解の程度を伝えることができるので，私は少なくともメイン論点については問題提起が必要であると考えています。

一文を簡潔にする

個別指導をしていると，口頭では理解していることがうかがえるのに，答案では理解していることが伝わってこないため，減点せざるをえないことがよくあります。これは致命的です。

伝わらない原因はさまざまありますが，一文が長すぎて主語と述語の対応が意味不明，漢字の誤りが多い，接続詞がおかしいなどが多いです。

ごうかくのじゅもん

「覚悟」とは!!暗闇の荒野に!!進むべき道を切り開く事だッ！
▷ジョルノ・ジョバァーナ『ジョジョの奇妙な冒険 黄金の風』（集英社）

第4章

論文式合格者だけが知っている事実

あなたは　司法試験に　合格したい。
▷最短ルートを　知る。
合格者に　聞いてまわる。
合格する方法を　既に知っている。
つかれたので　休む。

司法試験は所詮「点取りゲーム」でしかない

司法試験は学問ではなく，あくまでも資格試験

司法試験は「学問」ではありません。あくまで「資格試験」です。これをわかっていない受験生が本当に多いです。

資格試験である以上，必ず配点が決まっています。司法試験では，問題文に配点が明示されることもあります。そして，10点しかない問題に1ページ分の答えを書いても最大で10点しか入りません。どれだけすばらしく書けても，10点以上の点数がつくことはないのです。このことを，受験生は強く意識するべきです。

無駄なことはやらない，「過去問中心主義」の確立

点を取ることを重視するなら，過去問が最良の演習書です。学習スケジュールの中に必ず過去問を組み込みましょう。「答練を全部こなしてから」「問題集をつぶしてから」ではないんです。

まず，過去問をやる。

過去問を解くことで敵を知ることができ，敵に合わせた勉強が可能になります。私の経験則上，過去問は何回解いても新たな発見があります。

全部の知識を吸収してから過去問を解くなど不可能です。市販の問題集を先に解いていて過去問に取り組む時間がなくなるようでは本末転倒です。

過去問という「幹」を据えたうえで，自分の可処分時間や能力との関係で，どの程度の枝葉まで学習スケジュールに組み込めるかを考えましょう。

やらないことを決めておくことは，合格するためには必須です。

過去問中心主義

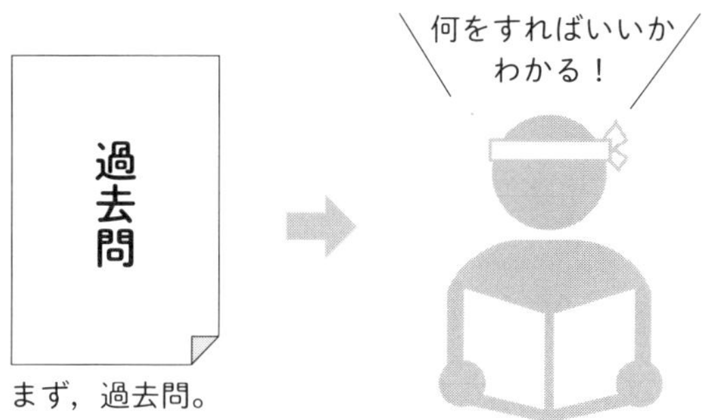

まず，過去問。

コラム　やるべきことは，皆同じ

　私のように勉強が嫌いな方もいれば，逆に大好きな方もいるわけですが，司法試験に合格しなければならないことは全員に共通しています。勉強が好きな方ほど，もしかしたら法律の勉強が楽しくなって論文式の沼に入ってしまうのかもしれませんが。できれば，最短ルートを通りたいですよね。

　やるべきことをやれば，別にアルバイトをしようが，デートしようが，飲みに行こうが（明日にひびかないようにね），受験生だからといって人間として何も制限されるわけではありません。私も，わざと20時以降にプライベートの予定を入れて，それまでに１日の勉強を終える日をたまに作っていました。あえて遊ぶことで自分を追い込むというストイック戦法。受験生活は長いので，息抜きも大事。ただし，抜きすぎはダメですが。

ごうかくのじゅもん

諦めるのは最後までいっぱい頑張ってからにして下さい！
▷黄前久美子『響け！ユーフォニアム2』（宝島社）

2 電車は論文式の勉強に最適の場

電車内でとにかく頭をフル回転

電車で短答式の勉強をするというのはよく聞きますが，実は論文式の勉強にもおすすめです。

何もメモをしていない論文式の過去問を印刷し，それを見ながら頭の中で答案構成します。

【印刷する際の注意点】

① 印刷する過去問は，必ず一度解いたことがある問題にしましょう。初見の問題は時間を計って机に向かって解いたほうがよいからです。可能であれば，数回解いた問題が好ましいです。

② 電車の往復時間を答案構成にかかる時間で割った枚数を印刷しましょう。頭の中での答案構成は，手を動かして行う場合の約半分の時間でできるので，1問あたり20分くらいで計算すればよいでしょう。私の場合，往復２時間だったので６問印刷していました。

③ 複数科目ではなく同じ科目を用意しましょう。同じ科目の過去問を一気に読むことで，問題文の構造の類似性やヒントの見分け方といった本試験に必要な観点を養うことができます。また，単純に論点の再確認をする意味ももちます。

電車内で思い出せなかったりわからなかった論点については，赤ペンで簡単にメモしておくなり，付箋を貼っておくなりします。そして，机に向かう時間になったら，その部分の解説や基本書を読んで復習します。あとは，これを繰り返すだけです。

まずは１週間続けてみてください。１週間後の過去問に対する理解，傾向把握の力は，１週間前の自分より格段に上がっているはずです。

コラム　あきらめたらそこで試合終了

自分の能力が，スティーブ・ジョブズやアインシュタインのような一部の天才とは違うことを自覚して残念に思うことはありませんか。でも，凡才でも合格できるのが司法試験です。

もちろん，頑張ったら頑張っただけ報われるなんて甘い言葉は言いません。ただ，やり方を間違わなければ高い確率で報われるのです。

たしかに，１日100個定義を覚えることができる人がいれば，20個しか覚えられない人もいるでしょう。それでもコツコツ努力を続けられる人が勝つのです。

司法試験の勉強ははっきり言って苦痛の連続です。覚えても忘れる。論点を落とす。肩と腰が痛い。問題が難しい。その苦痛に勝って毎日少しずつでも成長していきましょう。

最後まで頑張れるか否かは結局，自分のハート次第です。

スラムダンクの安西先生も言っていたじゃないですか。「最後まで…希望を捨てちゃいかん。あきらめたらそこで試合終了だよ」と。

どんなに失敗しても，立ち上がる。だって，受験を決めたのはあなたです。あなたが決めたことなんだから，最後まで責任を放棄してはなりません。

絶対にあきらめない。この無敵のメンタルをもちましょう。

ごうかくのじゅもん

生殺与奪の権を他人に握らせるな
▷冨岡義勇『鬼滅の刃』（集英社）

3 問題文には読み方がある

「アタリ」を付けて読む

インプットが終わって論文を書こうとしても，これがなかなか難しい。そもそも何に着目して問題文を読めばいいのか。

司法試験も予備試験も，登場人物の行為が何らかの条文の要件に該当するかが問われます。読むときは，まずもって登場人物の「行為」に着目し，「アタリ」を付けながら読みます。

「アタリ」とは，**「特定の事実」で特定の「条文」「論点」「判例」を即座に想起**することです。

典型例としては，刑法でいえば，「甲（身長180センチメートル，体重75キロ，男）のように登場人物の後ろに体格に関する事実が記載されていたら，正当防衛（刑法36条１項）の『やむを得ずにした』要件の解釈が問題になる」，刑事訴訟法でいえば，「誰かが死んだら供述不能要件が問題になる」といったものです。このようにアタリを付けることで，問題文をスピーディーに読むことができます。

問題文の片側の余白にメモをとりながら読む

問題文を何回読むかは自由ですが，時間制限がありますから２回くらいに抑えたいところです。まず，右でも左でもよいので**片側にメモをとりながら読む**とよいでしょう。私はメモは右と決めていました。

ちなみに問題文へのマーキングですが，私は４色でしていました。色分けは個人の自由ですが，「日時と問」「行為」「当事者の生の主張・不満」に線を引くのがポイントです。

オレンジ　日時と問
緑　行為
青　当事者の生の主張・不満
黄色　それ以外

次に，検討する条文を決定して２回目に入ります。読み落とした事実を拾いつつ，答案の大枠を固めて，答案構成に入ります。

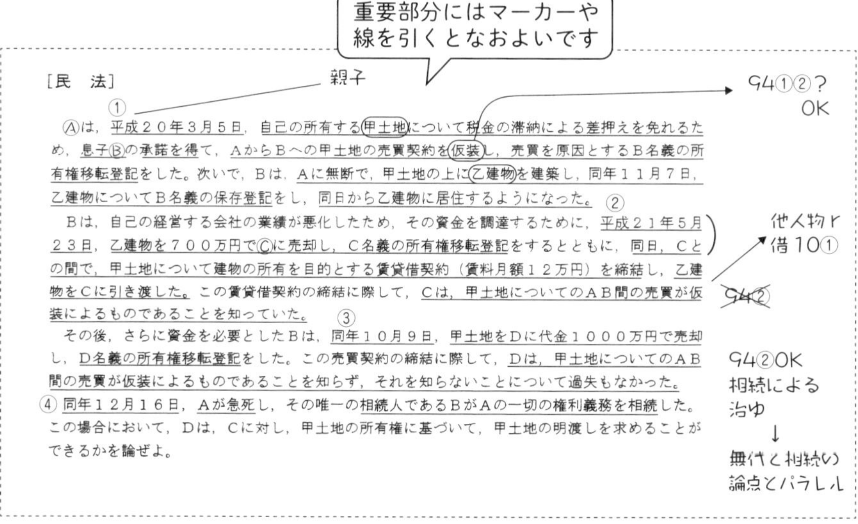

［民　法］

Ⓐは，平成２０年３月５日，自己の所有する甲土地について税金の滞納による差押えを免れるため，息子Ⓑの承諾を得て，ＡからＢへの甲土地の売買契約を仮装し，売買を原因とするＢ名義の所有権移転登記をした。次いで，Ｂは，Ａに無断で，甲土地の上に乙建物を建築し，同年１１月７日，乙建物についてＢ名義の保存登記をし，同日から乙建物に居住するようになった。

Ｂは，自己の経営する会社の業績が悪化したため，その資金を調達するために，平成２１年５月２３日，乙建物を７００万円でⒸに売却し，Ｃ名義の所有権移転登記をするとともに，同日，Ｃとの間で，甲土地について建物の所有を目的とする賃貸借契約（賃料月額１２万円）を締結し，乙建物をＣに引き渡した。この賃貸借契約の締結に際して，Ｃは，甲土地についてのＡＢ間の売買が仮装によるものであることを知っていた。

その後，さらに資金を必要としたＢは，同年１０月９日，甲土地をＤに代金１０００万円で売却し，Ｄ名義の所有権移転登記をした。この売買契約の締結に際して，Ｄは，甲土地についてのＡＢ間の売買が仮装によるものであることを知らず，それを知らないことについて過失もなかった。

同年１２月１６日，Ａが急死し，その唯一の相続人であるＢがＡの一切の権利義務を相続した。

この場合において，Ｄは，Ｃに対し，甲土地の所有権に基づいて，甲土地の明渡しを求めることができるかを論ぜよ。

事実の量でメインとサブを峻別する

作問者の気持ちになってみれば，受験生に問いたい部分を厚くしますよね。つまり，**事実が多いところがメイン，少ないところがサブ**です。事実の量に着目しながら問題文を読みましょう。

また，近年の予備試験・司法試験では，ほぼ必ず問題文中に**当事者の生の主張や不満**が示されています。これは，「この主張や不満を法律構成してね！　メインだから！」という試験委員のメッセージですから，これを見逃すと大失点待ったなし。目立つ色のマーカーで線を引くことをおすすめします。

問いを大切にする

当たり前なのに，多くの受験生が疎かにしているところです。たとえば，問いには「反論も踏まえて答えなさい」と書いてあるのに，反論に触れないというようなことですね。

「反論も踏まえて」とあるので，そこにも点数があるわけです。これはあまりにもったいない失点というほかありません。

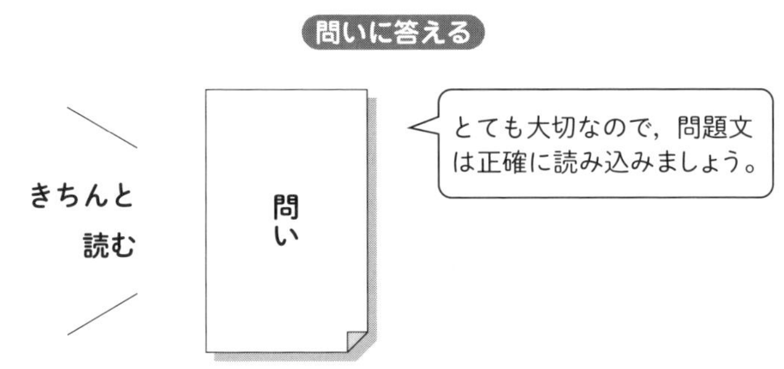

コラム　試験だってコミュ力が大事

たまに，他者とのコミュニケーションを拒否して閉鎖的になっている受験生がいます。これはとても心配です。

だって，司法試験に合格した後こそ，コミュ力が必要ですから。まあ，それ以前に予備試験なら口述試験がありますが……。

試験だって，結局，答案を通した試験委員との対話です。相手が何を求めているかを考え，かみ合った答えを返す必要があります。

会話と違って，表情なんかがあるわけでもなく，答案のみを用いて，試験委員から合格を勝ち取らないといけないのでそりゃ厳しいです。

試験委員が出す問いをきちんと読み，それに合わせた形で論述を変える。これは当たり前のマナーです。覚えた論証をそのまま書き出す，持論を勝手に展開する，これはダメですね。

たまに，それなら論証覚えた意味ないじゃん！　といった意見を耳にすることがあります。もちろん，規範定立は正確に行う必要があり，特に判例が特定の言い回しをしている部分ではそれを正確に反映させる必要がありますから，一定程度の暗記は必須です。その暗記は必ず点数に結びつきますから，不貞腐れないで論証のインプットに努めましょう。

特に最近は，規範定立の部分ですでに合格・不合格の分水嶺ができているといっても過言ではありません。応用問題でないかぎり，規範定立の部分は誰でも書ける部分なのに，実はしっかりと覚えておらず，曖昧で不明確な規範を書いている受験生が非常に多いです。

なお，論証を覚える際は，その論点が問題となる具体的な典型事例も一緒に覚えるようにしましょう。本番では，初見の問題を時間内に読み解かなければならないわけですが，問題文中に記載されている事実と頭の中に入っている具体的な事例中の事実がリンクすることで論点抽出が可能となるというプロセスを経る以上，具体的な事例のインプットは必要不可欠です。

4 答案構成はコンパクトでいい

答案構成はあくまでもメモ

「答案構成の仕方がよくわからない」という相談は絶えません。答案構成は，それを見れば答案を作成できるというメモにすぎません。何も見なくても頭の中で論じる順序や論点を整理できる人は，わざわざ書き起こす必要はないのです。

残念ながら，それができない人は答案構成が必要ですが，これに時間をとられるのは本末転倒なので，できるだけコンパクトに作ります。必要なのは，以下のことくらいです。

- ナンバリング，条文，条文の要件，論点名を記載
- 矢印で論じる順番をつける
- メインとサブを峻別して，書く分量を決める

私は問題文のメモを右側に書いていたので，答案構成は左側の余白にしていました。

予備試験と司法試験では，試験開始前に問題文と答案用紙とは別に構成用紙が配られますが，私はこれを使いませんでした。答案を作成する際に構成用紙と問題文を両方見なければならず，時間のロスが生じるからです。

【実際に私が15分で作成した構成例】

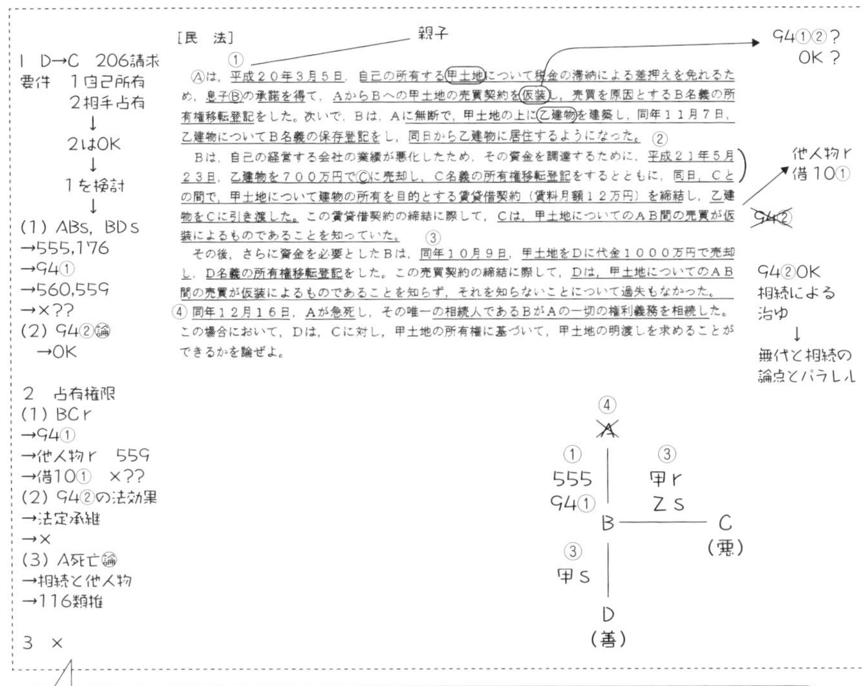

［民　法］

Ⓐは，平成２０年３月５日，自己の所有する甲土地について税金の滞納による差押えを免れるため，息子Ⓑの承諾を得て，ＡからＢへの甲土地の売買契約を仮装し，売買を原因とするＢ名義の所有権移転登記をした。次いで，Ｂは，Ａに無断で，甲土地の上に乙建物を建築し，同年１１月７日，乙建物についてＢ名義の保存登記をし，同日から乙建物に居住するようになった。

Ｂは，自己の経営する会社の業績が悪化したため，その資金を調達するために，平成２１年５月２３日，乙建物を７００万円でⒸに売却し，Ｃ名義の所有権移転登記をするとともに，同日，Ｃとの間で，甲土地について建物の所有を目的とする賃貸借契約（賃料月額１２万円）を締結し，乙建物をＣに引き渡した。この賃貸借契約の締結に際して，Ｃは，甲土地についてのＡＢ間の売買が仮装によるものであることを知っていた。

その後，さらに資金を必要としたＢは，同年１０月９日，甲土地をＤに代金１０００万円で売却し，Ｄ名義の所有権移転登記をした。この売買契約の締結に際して，Ｄは，甲土地についてのＡＢ間の売買が仮装によるものであることを知らず，それを知らないことについて過失もなかった。

同年１２月１６日，Ａが急死し，その唯一の相続人であるＢがＡの一切の権利義務を相続した。

この場合において，Ｄは，Ｃに対し，甲土地の所有権に基づいて，甲土地の明渡しを求めることができるかを論ぜよ。

私の場合，予備試験では25分，司法試験では45分をリミットと設定していました。

コラム　鼻の先にニンジン戦法

私は机に１日中は向かっていられないタイプでした。なかなか勉強が進まず悩んでいたとき，ギャルの友達から「私，勉強だけできる人って全然カッコいいと思わないんだよね。勉強してないふうなんだけどちゃっかり勉強できる人はやばいと思う」と言われました。そこで，「ちゃっかり勉強してる人になる」ことを目標に，あえて遊ぶ時間を設けて自分を追い込むことにしました。「今日は20時から飲みだから，それまでに今日の課題を終わらそう」と決めることで集中できるようになりました。

思い返せば，私みたいなチャランポランが司法試験の勉強を続けられたのは，この息抜きがあったからです。

5 問題文中には必ずヒントがある

ヒントは必ず隠されている

問題文の事実から問われている事項を逆算することは極めて有用です。予備試験・司法試験ともに**公法系・民事系ではヒントが問題文にあることが多い**です（最近は「ほぼ必ず」ヒントが記載されています）。

まず，問題文中の当事者の主張は解答のヒント・指針です。それを法的に構成し直せば書くべき事項を論じたことになります。

たとえば，平成25年新司法試験 憲法における，原告の「第１回のデモ行進と第２回のデモ行進が許可されたのに，第３回のデモ行進が不許可とされたのは納得がいかない。平和的なデモ行進であるのにもかかわらず，デモ行進を不許可としたことは，県の重要な政策問題に関する意見の表明を封じ込めようとするものであり，憲法上問題がある」といったセリフが典型的です。

最近は，予備試験においても複数の科目で同様のヒントが問題文中に記載されるようになっていますので，必ず拾いましょう。

問題文自体が抽象的で曖昧な場合

また，問題文自体が抽象的で曖昧な場合は，自分で具体化することが求められているといえます。

たとえば，平成21年新司法試験 憲法の「当該規則は，本人の求めがある場合でも，『遺伝子治療の対象である疾病の原因となる遺伝子情報』以外の開示を禁止している。その理由は，すべての遺伝子に係る情報を開示することが本人に与えるマイナスの影響を考慮したからである。また，当該規則は，被験者ばかりでなく，遺伝子検査・診断を受けたすべての人の遺伝子に係る情報を第三者に開示することを禁止している。その理由は，その開示によって生じるかもしれない様々な問題の発生等を考慮したからである」がいい例です。

ここでは，「本人に与えるマイナスの影響」であったり，「開示によって生じるかもしれない様々な問題の発生等」の中身を具体的に考えさせることが出題趣旨でした。

ある要件に関する事実がやたらと多い場合

さらに，ある要件に関する事実がやたらと多い場合は，当該要件の事実認定に点が割り振られていると予想できます（平成25年新司法試験 刑法における「公共の危険」（刑法110条１項））。

対話形式の場合

加えて，予備試験・司法試験においては，修習生と裁判官による対話形式の誘導がなされることがあります。

そして，この誘導に記載されているヒントがまさに採点項目なのであり，この誘導に乗れるか否かが重要です。

ポイントは，**誘導で求められていること以外は書かない**ことです。平成23年新司法試験 行政法の採点実感にも，「問題文及び会議録等を分析して，質問のポイントを押さえて素直に答えていく姿勢であれば，自ずから比較的高得点が得られるものであるが，知識の量はうかがわれるのに，会議録等を十分に考慮せずに自分の書きたいことを書いているため，相対的に低い得点にとどまっている答案が少なくなかった」という記載があります。

コラム　ストレスとうまくつきあう

受験生活って大変ですよね。朝から晩まで勉強して，疲れた体で家に帰って寝て，また翌朝も早い時間から勉強する。これをずっと続けるのは相当体力が必要ですし，ストレスも溜まります。

たくさんの受験生の相談を受けますが，ストレスを溜め込んでいる人が多いです。閉鎖的に，なんだかメンタル面で病んでいる感じを受けます。これではせっかくの将来のための勉強なのに本末転倒です。

自分に少しは優しく，たまには趣味の時間なども許容してあげましょう。

私も，食べログで調べた高評価の店に食事しに行ったり，アニメを観たり，と時間を決めてしていました。定期的な運動もいいですね。友人とサッカーをする時間も作っていましたが，疲れていてもリフレッシュします。

週１で開催していた自主ゼミもストレス解消になりました。休憩時間に，プライベートのことから受験後の将来のことまで，たくさん話をしました。そんな仲間がいたからこそ，つまらないと思っていた勉強を頑張れたのです。頼りになる仲間がいるだけでも気が楽になりますよ。

ごうかくのじゅもん

心を燃やせ
▷煉獄杏寿郎『鬼滅の刃』（集英社）

年2,400通の答案を添削してわかったこと

あなたは　司法試験に　合格したい。

▷試験委員が求める　論述形式を　知る。

途中答案を　避ける。

予備校答案を　丸写しする。

書きたいように　書く。

途中答案は○○で防ぐ

受験生共通の悩み

かなり多くの受験生が途中答案になってしまう悩みを抱いています。

途中答案には２種類あり，①設問が３個あるのに２個までしか書けなかったというもの，②「以上」まで書いてあるけれども内容がスカスカなもの，があります。①を形式的途中答案，②を実質的途中答案と私は呼んでいます。

②の場合は単純にインプットが足りないのですが，①の場合，自分１人での改善は難しいので以下を参考にしてみてください。

個別指導の経験から抽出した途中答案対策

①　１ページを書くのにかかる時間を把握する

自分が１ページを書くのにかかる時間を把握しておけば，試験時間から答案構成にかかった時間を引いた残りの時間でどの程度の枚数が書けるか即座にわかります。その枚数内で自分が構成した内容をすべて書ききるには，どの部分をどこまで書くか，どこまで削るかを現場で判断しなければなりません。

たとえば，答案構成した内容をすべて書ききるとしたら６枚の分量になるのに，残り時間では４枚が限度……という場合，その状況で最も点数を取れる戦略を考えます。途中答案を連発する受験生の多くは，この感覚がなく，「時間がない……」と思いながらも，なにも削る作業をしないので途中で試験終了になってしまうのです。

②　「削る」「書かない」勇気を持つ

６枚の分量になる答案構成を４枚にするには，削る視点が必要です。メインとサブを峻別して，サブの部分は三段論法を崩す，理由付けを省略する，あるいは思いきって書かない，などです。

配点は，メインに多くサブには少ないはずなので，５点しかもらえないサブの内容をたくさん書いても点数が稼げません。

途中答案になる受験生は，「どうせ途中答案になるなら，わかる部分はしっかり書こう！」と，そのようなサブにも注力しがちです。

残り時間が少ないなら，メインで取れるだけ取り，サブは「書かない」という選択肢もあります。要は戦略です。

もちろん，この判断を本試験で実践するには，訓練が必要です。

③　最初から全力スピードで書く

最初はゆっくりめに余裕をもって丁寧に書いているのに，最後になるほど荒い答案に。結果，間に合うときもあれば間に合わないときもあるのでしょうが……。何が起こるかわからない（たとえば，急に腹痛でトイレに行きたくなるなど）わけですから，最初から全力で書き始めてください。

④　要約力を磨く

文章を長く書くことは簡単ですが，短くすることは容易ではありません。しかし，事前に短い文章を書くトレーニングをしておけば，同じ内容の文章を短い文字数で書くことができます。また，短い文章を書ける＝当該論点を理解しているということです。普段の勉強から「要するに～」を強く意識しましょう。そうすれば，自然と文章が短くなるはずです。

ごうかくのじゅもん

ここから始めましょう，イチから——いいえ，ゼロから！
▷レム『Re:ゼロから始める異世界生活』（KADOKAWA）

予備校答案の丸写しは×，分析に使うのが○

丸覚えのコスパは最悪

個別指導をしていると，「この論述どこかで見たな……」「おいおい，予備校の答案丸パクリじゃん。自分の頭で考えろよ……」ということが多々あります。丸覚えはコスパが悪いです。

そもそも，答案例はあくまで例。一定の論述の仕方を教えてくれるものにすぎません。

インプットを終えたばかりの受験生であれば，答案例は羅針盤。なんとなく答案の流れを把握するのに役立ちます。

一方，勉強が進んだ受験生であれば，いわばスポット的に論述の仕方を調べる辞書として使うとよいでしょう。

答案例を「分析」してみよう

答案例を「問題提起」「規範定立」「あてはめ」「結論」のブロックに分け，それぞれ分析を加えることはおすすめです。

①問題提起での分析点

- 条文を示せているか
- 条文の文言の解釈になっているか

・問題の所在が示せているか

論点を条文の文言解釈の形で適切におこなっていない答案例なども，意外にあります。たとえば，「写真撮影は強制処分にあたるか」といった類の問題提起ですね。刑事訴訟法197条１項但書に「強制の処分」とあるので，ローヤーとしては，「写真撮影は『強制の処分』にあたるか」と論じるべきでしょう。

②規範定立での分析点

・趣旨から解釈できているか

・理由付けが長すぎないか

・判例の立場なのか，学説の立場なのか

③あてはめでの分析点

・事実の抽出にとどまらず評価まで加えられているか

・どのような評価がなされているか

・問題文に表れている事実で使っていない事実はないか，あるとすればそれはなぜか

近年は抽出レベルで差が大きくついています。

④結論での分析点

・問いに答える形で書かれているか

たとえば，問いに「～すべきか」とあるのに答案が「～できる」となっていたら変ですよね。

この手法にのっとって答案例を分析して，いいモノは盗み，悪い部分は反面教師にするという作業を行えば，答案例を丸覚えしなくても，論文が書けるようになっていきます。答案例はいずれにしても答案“例”にすぎないことに変わりはありません。

「書けた」のに点数がつかない人

主観と客観のずれですね。以下の①～④，４つの原因が考えられます。

①　拾った論点の理解が不十分

このタイプは，単なるインプット不足でしょう。

- 結論だけ示しているが理由付けがない。
- 論点名は知っているが，判例がどのような規範を立てているかを思い出せず，不正確な規範をでっちあげている。
- 当該論点の問題の所在を把握できていないため，規範は書けていても，あてはめで適切なあてはめができていない。

生徒にヒアリングしていると，この暗記の時間を設けていない（＝理解することだけに努めて，定義や論証それ自体を覚える時間を設けていない）生徒が思いのほか多いことに驚かされます。

理解することはもちろん大事ですが，規範や定義の答案への正確な反映も重要です。声に出して読み上げる，ひたすら読んで頭の中で覚える，ひたすら書く，など暗記の時間を作りましょう。

②　メイン論点を落としている

このタイプは，メインとサブの峻別ができていません。

メイン論点を意識して過去問演習を繰り返すことが処方箋です。

【メイン論点の見分け方】

・作問者は，これ（判例，条文，解釈）だけは学んでいてほしい部分を出題します。そして，それを気づかせるために当該事項に関する問題文の事実の量を増やします。つまり，基本的に事実の量が多い部分＝メイン論点です。

・近年の予備試験・司法試験では，当事者の生の主張や不満が書かれている部分はメインとなります。問題文を丁寧に読み，生の主張や不満を把握することを怠らないようにしましょう。

・有名な百選掲載判例，有名な論点や要件のうち規範に事実をあてはめやすいもの（たとえば，窃盗罪における占有，詐欺罪の「欺いて」）は大体メインになります。

③　読み手に意図が伝わらない文章

これは，あやふやな理解のもとで論述しているタイプと文章能力が低いタイプに大別できます。

前者はインプットに問題がありますので，他の部分で書いた方法でインプットを盤石なものにすれば解決すると思います。

後者は，とにかくワンセンテンスワンテーマを守って，正しい日本語を使うことを強く意識してください。「～ところ」という接続詞を使うことも，文章が長くなる原因なので控えましょう。

丁寧に，綺麗な日本語を使う意識を強めれば，ゆっくりと改善されると思います。

私が答案を添削していて「？」となるタイミングは，「一文が長すぎて結局何が言いたいのかがわからない」「主語と述語が対応していない」「主語がないため何について論じているのかがわからない」「規範を書かずにいきなり事実から始まっているので何を論じているのかがわからない」「日本語的におかしな造語が出てくる」「逆説が連続していて論理がごちゃごちゃしている」「接続詞が誤っている」などです。

④　論点は拾えていても規範でっかちであてはめが不十分

どの事実を使えばいいかがわからないから，あてはめができない受験生は結構多いですね。「まず，規範：あてはめ＝１：２」の意識をもちましょう。

そのうえで大事なのは，定義や論点を覚える際は，必ず同時に下位規範（＝考慮要素）をストックすることです。下位規範というのは，あてはめの際に抽出すべき事実の道しるべとしての役割を演じてくれるので，拾う事実に悩むことは基本的になくなります。

たとえば，刑事訴訟法の任意捜査の限界という論点では，「捜査の必要性を考慮して具体的事情の下で相当であればよい」という規範を覚えますが，「捜査の必要性」という抽象的な要件では，どの事実を拾ってあてはめればいいかがまったくわからないですよね。

でも，捜査の必要性は「事案の性質，嫌疑，証拠価値，代替手段，緊急性，現行犯性」等の事情から判断するというように，下位規範までインプットしておけば，あとは１つ１つの下位規範に沿って機械的に事実を探して抽出すればよいので，あてはめで書くことがないなどという事態には陥らないはずです。

ぜひ，下位規範を同時にストックしていきましょう。

ごうかくのじゅもん
撃って良いのは，撃たれる覚悟のある奴だけだ
▷ルルーシュ・ヴィ・ブリタニア「コードギアス　反逆のルルーシュ」

素直に問題文を読まない人

的確に論点を掴むために

問題文を素直に読まず，うがった読み方をすると変な論点を抽出しかねません。試験委員は落とそうと思って問題文を作っているわけではないと思いますので，**自然な読み方をする**ように心がけましょう。

また，受験生が論点に気づくときは，基本的には，問題文の事実と「ある論点」についての事実が頭の中でリンクするという思考プロセスがあると思います。

しかし，そもそも論点についての事実が頭に入っていない人は，この思考プロセスに至りません。「なんとなくこれかな？」程度で論点を抽出し，関係ない論点を展開してしまいます。

ですから，論点を覚えるときは，同時に典型事例の事実関係も押さえるようにしましょう。「要するに，この論点は○○って場合に問題となるよね」という説明ができるようになれば，論点間違いの頻度は減るでしょう。

自分の知っている論点に事実を引き付けるのはNG

これは受験生がやりがちですね。

自分の知っている論点に問題文の事実を引き付けてしまうと，問題文の事実関係を曲解し，問題の意図とは違う論点を延々と論じてしまうことになりかねません。

自分の知っている論点に問題文の事実を引き付けるのではなく，問題文の事実から論点を抽出することを心がけてください。

5 点数の伸ばしドコロを見逃さない

あてはめは点数の伸ばしドコロ

生徒のあてはめを見ていると，淡泊に終わっていることが多いです。往々にして，そのような淡泊答案の原因は，評価が薄いか，メイン部分の論述が薄いことに集約されます。

あてはめはしつこいくらいに書いてちょうどいいです。受験生がしつこく書いたと思っている答案が，試験委員にとっての普通です。そのような意識をもつだけで，点数はだいぶ変わります。

あてはめは，事実の抽出と評価から成りますが，評価の仕方がわからないという話を耳にします。そんなときは，「1事実1評価の原則」「1事実群1評価の例外」を意識すればよいでしょう。

1つの事実に対して1つの評価を行うことを原則に普段から勉強し，答案にもそれを反映させることで，評価の仕方を養います。

評価の仕方がわかってきたら，今度は「1事実群1評価の例外」を取り入れます。同じ評価をする事実が複数ある場合，すべての事実に同じ評価をすることを繰り返していてはコスパが悪いので，そのような事実はまとめて1つの評価をしましょう。

たとえば，放火罪において「新聞紙」「布製のカバー」「天気は晴れ」という事実があったとします。

ここで，「1事実群1評価の原則」に基づくと，以下のように評価することになります。

「新聞紙」　　　→燃えやすい
「布製のカバー」→燃えやすい
「天気は晴れ」　→自然鎮火の可能性が低い

ここで，最初の2つの事実は同じなので，まとめてしまうわけです。

判例から考える

あてはめの要素がわからない場合に，下敷きとなっている判例のあてはめを思い出すことは非常に有益です。

たとえば，私は個別指導の生徒に「憲法22条1項の問題が出たら，薬事法事件判決のあてはめ要素は必ず思い出しなさい」と伝えています。薬事法事件判決は，因果関係やＬＲＡ，制約的効果の程度について言及していますが，実際の予備試験・司法試験の問題でも，それらの観点から考えることで問題文の事実を使ったリアルなあてはめができるようになることが多いです。

判例から考える視点を持ちましょう。

また，事案の当事者の立場に立ち，自分が当事者であれば何を一番主張したいのかを考えてみてください。その生の主張をあてはめに組み込むことで，あてはめがリアルになるでしょう。

ごうかくのじゅもん

ないていいのは，おトイレか，パパのむねのなかだって…
▷岡崎汐「CLANNAD　AFTER　STORY」

6 すべては基礎知識で対応できる

応用問題も基礎知識で対応できる

応用問題とは，いわば「基礎知識から派生した問題」を「今もっている基礎知識」を使ってどう考えるかを問うものです。出題者は応用問題の存在を知っていること（たとえば，応用問題についての判断を示した地裁判決を知っていること）を求めているのではなく，「基礎知識があること」と「基礎知識から考える能力があること」を見定めているのです。

したがって，応用問題といわれる難しい問題であっても，結局のところ基礎知識の理解と暗記，および，そこからの考え方をストックしておけば，十分現場で対応できます。

決して「なにこれ知らないわからない」の負の連鎖に落ちてはなりません。「これは難しいし見たことないから応用だな」と認識した後に「だからこそ，基礎基本を示して，そこから派生させよう」と判断することが大切なのです。とにかく，**まずは定義，典型論点の処理**といった基礎基本を正確に示してください。

趣旨から考える

そのうえで，基礎基本から派生させるとはどういうことなのか。

端的に言うと，条文の趣旨から考えるということになります。結局，応用問題といっても，「原則から考えると○○だけど，△△という不都合があるから，条文の趣旨から考えると××になるよね」か，「形式的に条文を適用すると○○だけど，△△という不都合があるから，条文の趣旨から考えると××になるよね」という２パターンに集約されると思います。応用問題が出た際の出題趣旨や採点実感も，「原理原則から論じ始めて，趣旨から応用を考えよう」といったことを書いているんですね。

ですから，派生事項については**必ず条文趣旨から思考**しましょう。

自己肯定感を高めるサイクル

試験勉強における一番の敵は「自分」です。

何でも環境のせいにするのは辛い勉強から逃げているだけでしょう。

考え方や努力量が自分をダメにもするし，よくもする。だからこそ「昨日の自分に負けない，昨日の自分よりも今日の自分，今日の自分よりも明日の自分」という精神をもつことがとても大事です。

疲れていても，「あと２時間だけ頑張ろう」→２時間頑張った後に「よくやった自分！　今日もお疲れ」といった自己肯定的なサイクルをまわせば，「毎日成長してるじゃん，俺。よし，明日も頑張るか！」という気持ちになれますよ。

ごうかくのじゅもん

道草を楽しめ。大いにな。欲しいものより大切なものが，きっとそっちに転がってる。
▷ジンフリークス　『HUNTER×HUNTER』（集英社）

第6章 後悔しないインプット期の過ごし方

あなたは　司法試験に　合格したい。
▷インプット期を　大事に　する。
独自の勉強法を　追求する。
あれこれ　手を伸ばす。
つかれたので　休む。

学習の優先順位を見極める

判例＞学説

司法試験は実務家登用試験なので，普段の勉強においては，判例を理解する作業が最も重要であることは意識しましょう。**判例と学説を同列に置くかのような学習はいけません。**

予備試験と司法試験の問題は，論点という意味では，判例の立場を知っておけば８割方解決することが基本的に可能です。

残りの問題（判例が立場を示していない問題）はいわゆる応用問題・現場思考問題なので，基礎基本に立ち返って考えれば足ります。

ただし，学説は一切不要と言っているわけではありません。学説は，判例の立場を理解するためのツールになります。短答式や普段の学習で出会った学説をきちんとインプットして，論文式対策につなげましょう。最近の司法試験刑事系では，重要論点について学説の考え方を示させる問題も出ています。

アウトプット＞インプット

天才ではないかぎり，論文はアウトプットをこなさなければ書けるようにはなりません。したがって，**できるだけ早くアウトプット中心の勉強にシフト**し，その中で付随的にインプットを行うようにしていくべきです。

条文・論点・典型事案はセット

条文，論点のインプットは，必ず典型事案のインプットとともに行いましょう。

個別指導の際に「94条２項ってたとえばどういう事案で出てくる条文？　94条２項の類推の事案と何が違うの？　じゃあ，110条が類推される事案と110条の法意に照らして判断される事案の違いは何？」という質問を私は投げかけます。

でも，経験上，半分くらいの受験生が事案の指摘を的確にすることができません。「94条２項の趣旨は○○なので……」といった，論証パターンの丸覚えが返ってくるだけで，まるでお話にならないのです。

これは非常に危険です。受験生が論点に気づく思考プロセスは，①問題文の事実を認識する，②頭の中にインプットしてある事実と問題文の事実がリンクする，③論点に気づく，となります。ここで，論点名や論証だけ入っていても，その論点の典型事案（＝事実）が頭に入っていなければ，②の過程を経ることができず，論点抽出ができません。これでは論証を覚えた意味すらなくなります。

条文＞論点

インプットすべきは論点ではありません。

論文式の答案は，冒頭でいきなり論点が出てくるわけではありません。論文式の始まりは条文であり，条文の要件を満たすか否かを検討する中で解釈が必要な場面に出くわすことがあり，そこでいわゆる論点についての解釈を展開し，そこをクリアしたら再度条文に戻ることになります。

すなわち，**論文式の答案は条文で始まり条文で終わる**のです。

したがって，まず普段の学習において意識すべきは論点ではなく，条文の存在，条文文言，定義，趣旨，原則ということになります。結局，条文と論点というのは，ある条文の要件充足性の中で不明瞭な部分が出てくるから解釈するという関係にあるので，論点だけ知っていても答案は書けないのです。

コラム 夢見るチカラが原動力

私は幼稚園の頃から，サッカー選手になるのが夢でした。サッカーの強豪高校に進学し，監督からブラジルに遠征できるという話を聞いたときは，親に行かせてほしいと懇願したことを覚えています。結局，いろいろあって高校３年生になる直前にその夢は諦めてしまうのですが，夢を追いかける日々はとても充実していたと今でも思っています。

受験生には司法試験に受かったその先を具体的に考えてみてほしいのです。自分は法曹三者の何になりたいのか，なぜその進路に進みたいのか，その進路で自分のキャリアアップには何が必要なのか，といったことを考えられる範囲で考えたり，先輩の話を聞いたりして具体的なイメージをもっておいていただきたいのです。

弁護士志望の受験生の中には，「一般民事がやりたい」という方がいます。でも，一般民事といっても，建築紛争，金銭貸借，交通事故，医療事故，不動産取引等さまざまな事件があります。そして，事務所によって力を入れている分野は異なります。

このように，具体的に考えれば考えるほど，「将来何がしたいか」が鮮明になり，「夢」が具体的になるほど，今の自分がなすべきことが明確になり，頑張れるのだと思います。

ごうかくのじゅもん

やりたいことを思いっきりやるためには　やりたくないことも思いっきりやんなきゃいけないんだ
▷駒野勉（机くん）『ちはやふる』（講談社）

法律家になるなら判例・条文を大切に

条文は要件を区切って読む

条文は必ず要件・効果に分ける必要があるのですが，その際，丁寧に要件を区切って読むことが本当に大事になってきます。

「何を当たり前のことを」と思う方がいらっしゃるかもしれませんが，個別指導をしていると，条文をちゃんと読めていない受験生が多いことに本当に驚かされます。

たとえば，平成30年の司法試験 刑法の設問１では何の論点もないといっても過言ではない名誉棄損罪の成否が問われたのですが，再現答案を見ていると，刑法230条１項の要件を「公然と事実を適示」「人の名誉」「毀損」と書いていたり，ひどいものでは「公然と」「毀損」しか書いていないものまでありました。

そうです。全然条文を読めていないんですね。刑法230条１項の条文に記載されている要件は，「公然と」「事実を適示」「人」「名誉」「毀損」というように区切ることができるはずなのに，それができていない。条文の要件を区切ることができていないのです（なお，条文に記載はされていませんが，「故意」も要件となります）。

条文は「この要件はどこで区切れるのかな？　意味のブロックはどうなっているのかな？」という観点から読んでみてください。この作業を最初から行えば，相当強力な武器を手に入れることができます。

あとは，前述した通り，要件のみならず効果にも着目して読むとよいでしょう。

判例は「指針」をもって読む

司法試験は実務家登用試験なので,「判例を理解することが最も大切」という意識をもたなければなりません。

たしかに,判決文は長くて難しいです。何の指針ももたないで読んでいたら,頭に内容が入ってこないばかりか,ただの時間の無駄遣いになりかねません。ですから,判例を読む際は指針をもちましょう。航海する際の羅針盤みたいなイメージでしょうか。

判例を読む際は,以下の順に読み,解説があれば解説を確認し,問題の所在を把握したうえで,論文ならどう書くかを考えておきます。

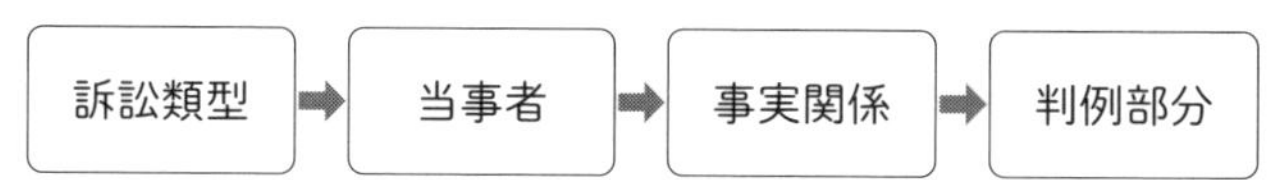

判旨部分は漫然と読んでいても意味不明なままで終わってしまうと思います。ですから,事実関係を確認した後は,必ず「何が論点で,なぜそのような論点が生じたのか(=問題の所在)」を確認してみてください。この,問題の所在を確認することで,判旨部分で判例が何を言っているのかがわかるようになります。

そして,判例を一通り読んだら,その判例を要約できるかどうかをセルフチェックしてみてください。要するに,「どんな事案で何が問題となってどう解決したのか」を短く平易な言葉で説明できるかということです。

要約は,要点をつまみ出す作業ですから,要約ができるなら判例を本当に理解しているということになります。

以上だけでも十分な判例学習だと思いますが，これに加え，特に憲法においては補足意見，反対意見，引用判例と当該判例の関係性まで確認しておくとよいでしょう。

百選掲載判例だけで十分です！

また，「どこまで最新判例を押さえればいいか」と聞く受験生もいますが，基本的に百選掲載判例だけでいいので，そんなにアンテナを張る必要はありません。本当に余裕があるのであれば「重要判例解説」（重判）を見ておけば十分でしょう。

予備試験と司法試験では，その年度の重判掲載判例が出題されることがまれにありますが，それは「その判例を知っているか否か」を判定するために出題されているわけではありません。「既存の基礎知識から思考する能力を有しているか」を試す問題なのです。

アンテナを張る暇があったら百選掲載判例のマスターに努めてください。

ごうかくのじゅもん

心臓を捧げよ！
▷エルヴィン・スミス『進撃の巨人』（講談社）

3 インプットとアウトプットは並行させて

インプットが終わった科目は即座にアウトプット

前に勉強した科目のインプット内容を忘れてしまい，また思い出すために復習するとその量が多くて他の科目が前に進まず，進捗が停滞するという負の連鎖……。これはインプット段階の方によくある悩みです。

おすすめなのが，インプットが終わった科目については，即座にアウトプットに入り，そのアウトプットと他の科目のインプットを同時並行して行う勉強法です。

インプットとアウトプットの並行

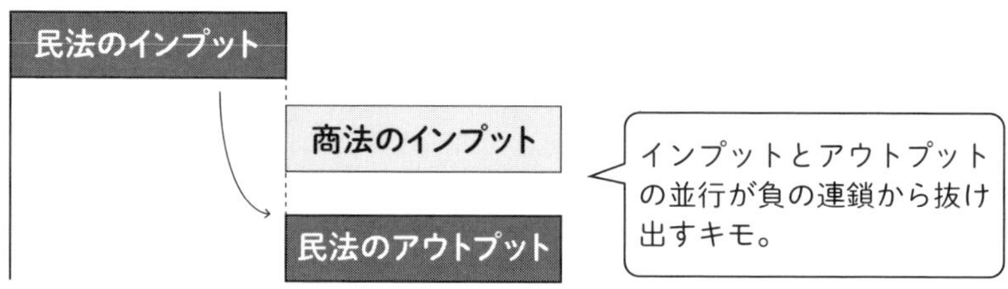

こうすることで，「1回勉強したのに期間があきすぎて忘れちゃいました」なんていう事態を回避できます。

そもそも，いわゆる予備校の基礎講義（インプット用の講義）を聞いただけで，その内容を完全に理解することは不可能です。

受験生と話をしていると，「インプット段階でわからなかった論点や概念が，論文の事例問題を解いていたらわかるようになりました」という声をいくつも聞きます。まさにそうなんです。

結局，抽象的な法律論だけではどうしてもイメージがつかないので，具体的な事実関係に当たることで，論点が出てくる場面だったり，論証の理由付けの意味だったり，最終規範の意味だったりが真に理解できるようになります。

また，問題集を解くことで，よく出る論点とそうでないものがだんだんわかってきます。出題頻度により試験においての重要性を理解するなんてこともざらにあります。

いずれにしても，忘れないという目的のためにも，理解を進めるという目的のためにも，インプットが終わった科目はすぐにアウトプットに入りましょう。

反復継続のサイクル・ルーティーンをつくる

忘れることに関連して，「覚える」とは「忘れること」と同義であるという意識も持っているとよいです。

よく，「合格者はなぜあんなに正確に覚えているんだ」という声を聞きます。たしかに，中には暗記の達人のように記憶力に長けている人もいます。

しかし，ほとんどの人の場合，記憶力の問題ではなく，**忘れても問題ないというマインドと，忘れた後にすぐに何度も記憶喚起する勉強スケジュール作り**がうまいかどうかの問題なだけだというのが私の感覚です。

例えば，「今日学習した内容は3日後にもう一度目に触れるように，テキストを読み直す時間を3日後に設けよう」であったり，「今日解いた問題は，明日の朝もう一度見直して10日後にも見直せるように日付を書いた付箋を貼っておこう」であったり……。そのやり方は個人の自由なのですが，何度も何度も定期的に見返すことでジワジワ記憶に定着させるルーティンを作るのが上手いか下手かの違いなのです。

反復継続のサイクル・ルーティンづくりは誰にでもできることです。記憶力に自信がない方は見直すべきでしょう。

コラム

合格のその先が大事です

司法試験に合格した直後は，周囲から「お前すごいな，マジで」「マジリスペクトだわ」という賛辞が送られました。

でも，そこで人生終わりではありません。

合格した後に，その受験生活で得た知識や経験などを活かして自分の道を切り拓いていかなければなりません。自分を救うのは，自分だけなのです。

ですから，合格したことに満足するのではなく，合格という経験を活かして自分に何ができるのかを考え，常に行動してください。そうやって前を向いて生きていくことができない人は，いつまでたっても司法試験の順位やどこの大学にいたとか，昔のステータスにすがりつきます。それって，とってもつまらないし，小さいですよね。

「合格」は一時のステータスにすぎません。「合格」はすがるものではなく，活かすものです。その意味で，自分も気を引き締めたいと思います。

ごうかくのじゅもん

先の人生考えろだなんて無理だっての。私は･･･今の私さえ認められないのに

▷逢坂大河『とらドラ！』（アスキー・メディアワークス）

第7章 論文答案作成能力を上げるには

あなたは　司法試験に　合格したい。
▷六法を　大事に　する。
独自の書き方を　追求する。
自主ゼミを　開催する。
仲間と　遊ぶ。

六法はアウトプット期も最愛のパートナー

六法とマンネリ化

受験生は，『六法』とともに司法試験の勉強をスタートします。真新しい六法にドキドキした方も多いのではないでしょうか。

そして月日は流れ，たくさん勉強した成果がようやく形になって現れ，頭の中に主要論点や条文数も大体入ってきます。友人との会話においても，六法を見ることなく，「あれって刑法236条１項の『暴行』の解釈じゃない？」「『公共の危険』の認識不要って考える理由なんだっけ？」「行手法14条１項の理由付記の程度について処分基準が設定されている場合の考え方は？」といった質疑応答ができるようになりました。

いつしか自分が六法のページをあまり開かなくなってしまっていることに気づきます……。

これって，付き合いはじめは会話も弾んでいたカップルが，だんだん会話もなくなってマンネリ化する，カップルあるあると似ていませんか。これじゃあ相手がかわいそうなのと同様，六法もかわいそうです。

我々はローヤーになるために司法試験の受験勉強をしているのです。そしてローヤーは事実に法を適用して事案を解決していく仕事です。そうであるからこそ，条文は一番大切にすべき受験のパートナーなのです。

条文解釈の姿勢を大切に

採点実感にもよく，「条文解釈の姿勢を大切にしてください」といった趣旨の記載がされています。

つまり，本試験の問題を解くということは，「条文から始まり条文で終わる」といっても過言ではありません。それだけ条文は大事なのです。

すべての論点は論点自体が独立して存在するわけではなく，条文の要件の解釈なのです。だからこそ，六法を開いて条文の要件を毎回確認するのは必須の作業なのです。

どうすれば答案に反映できるか

とはいえ，「条文が大事」ということは頭でわかっていても，答案にそれを表現できない受験生は多いのではないでしょうか。

まず，**条文文言を答案上に示す際は「　」でくくる**ことを意識しましょう。これにより，条文にあてはめていることが視覚的に伝わりますし，答案を作成している自分自身も文言に対する意識が起案を重ねるにつれて強くなっていきます。特に，条文にあてはめているつもりでも毎回要件を落としてしまう方には効果的な処方箋です。

次に，**争いのない要件について論じる際も必ず定義だけは添える**ようにしましょう。本試験では制限時間があるので，メイン論点については三段論法できちんと論じ，サブの部分はコンパクトに書き上げます。

私はこの「コンパクトに書く」ことを「三段論法を崩す」と表現していますが，その場合であっても必ず定義を添えるのです。定義を添えることを意識すれば，自然と条文文言に対するあてはめができるようになります。

このように，問題提起，規範定立，あてはめ，結論といったブロックごとに条文文言に対する意識を強くもてば，条文を大事にしていることが読み手にも伝わるようになります。

条文にあてはめることはローヤーとしてとても大事なので，しつこく条文に向き合い，答案上に反映させてみましょう。

項・号・前段／後段・本文／但書まできちんと！

条文文言については，答案は必ず条文から始まり，条文文言を解釈し，条文で終わる姿勢を貫くべきです（文言がない場合は仕方ありませんが）。条文の適示は条数のみならず，項・号・前段／後段・本文／但書の区別まで行います。

行政法，刑事系では大体の人が当たり前のように行っていると思いますが（「法律上の利益を有する者」〈行政事件訴訟法９条１項〉，「偽造」〈刑法159条１項〉，「強制の処分」〈刑事訴訟法197条１項但書〉等），憲法も例外ではありません。

たとえば，平成24年新司法試験 憲法では政教分離原則が問われていたのですが，採点実感では「問題となる条文等の解釈を行って判断基準を導き出」すことを求めていました。

また，平成25年新司法試験 憲法の採点実感でも「Ａらの行為が憲法上の権利として保障されることについて，条文の文言との関係に留意しないまま論じている答案が一定数見られた。憲法解釈は条文の解釈でもあることを忘れないでほしい」と述べられています。

趣旨や定義，原理，原則は法的思考の基本であり，採点者が受験生に求めているのはまさにこの部分です。

ごうかくのじゅもん

できるかじゃねぇ やるんだよ!!

▷伏黒恵『呪術廻戦』（集英社）

2 「写経」はしない

自分の頭で考えることが大事

「インプットが終わったらアウトプット中心の勉強にシフトしましょう」。予備校講師や合格者がこのようなことをよく言っていますね。

「なるほどなるほど。アウトプットが大事なことはわかった。じゃあ，アウトプットって具体的にどうするの？」。私が受験生の頃は思っていました。論文の問題をはじめて解いたとき，まったく書ける気がしませんでした。同じような受験生は多いのではないでしょうか。

民法の問題で「仮装」という言葉を見て，「総則のところで出てきたな。94条だっけ？」という程度の発想しかできませんでした。

ですから，当時の私はどうしていたかというと，いきなり答案例や解説を見るのは悔しかったので，関連しそうな条文や論点をひたすら紙に書いて，調べまくってから解説を見る。解説を見たら，自分の構成と違う部分について，「なぜ違う構成をとってしまったのか」をひたすら考えるということをやっていました。

自分の頭で考えたうえで解説を見るので，いきなり解説や答案例を見るよりも，知識が身についたと思います。

「最初の頃は答案例を『写経』しましょう」と言う人もいますが，**悩み，考え，調べ，納得するという段階を省略することになる**のでおすすめできません。

まずは，自分なりに問題だと思った条文を探し，その条文の要件や論点をテキストを見ながらあぶり出し，それらを論理的につなげるにはどういう順番で書けばいいのかを考える作業をしましょう。そして，フローチャートを作成します。

フローチャートを作成したら，解説や答案例を見て，正解との異同を確認し，異なる部分はなぜ異なってしまったのかを確認します。「考える」という過程を経ることで，理解もできますし，暗記もできます。

時間がかかるので重要性の高いものから

ただ，この作業は時間を要します。私も１日に２～３問くらいでした。スローペースすぎるので，１問あたりに制限時間を設けるとよいでしょう。調べる時間込みで構成に30分，解説や答案例を読み込むのに10分，異同の理由を調べるのに20分といった感じですかね。

また，「試験でよく出る論点」「過去問で問われている頻出論点・分野」から勉強しましょう。そこが終わってから周辺部分に広げていくほうが試験対策としては効率的だからです。

ある程度勉強が進んでも，**初見の問題に関して「自分の頭で考える」練習は継続**しましょう。スポーツの試合でも，しっかりとウォーミングアップしてから試合に臨みますよね。ずっと座っていて，いきなり試合に出るなんてことはありません。司法試験も同じで，頭のウォーミングアップが必要です。

ごうかくのじゅもん

他のやつと自分をくらべんな。まずは自分に勝つことを考えろ
▷坂田銀時『銀魂』（集英社）

3 My論証集を作る

論証集も使いよう

「論証を貼り付けたらダメですか？」「貼り付け型答案は自動販売機答案だからダメなんですよね？」。よく聞かれますが，この噂は半分正しく，半分間違っています。

論証集は理解・暗記と情報の一元化のツールとしてはよい教材です。肝心なのは，使い方です。

論証は，試験本番で使えるものでなければ意味がありません。では，試験本番で使える論証とは何なのでしょうか。

① 判例ベースの論証であること
② 採点実感のコメントに依拠していること
③ なるべくコンパクトで答案に書ききれる論証であること
④ 条文の趣旨や本質論といった根本的な部分から解釈すること

おおむね，以上のポイントが挙げられます。

これらを守りつつ，既存の論証を訂正するなり，答案例や基本書の記載のうち盗める部分は盗みます。

この作業を何回も行って改訂することで，最強のオリジナル論証集を作り上げればいいのです。私が受験生時代に作成した刑事訴訟法と倒産法の論証をp.97～p.98に資料として載せておきますので，参考にしてみてください。

三段論法を意識する

論証集は，答案に書く形で作り上げておく必要があります。守るべきは三段論法です。また，答案を書く際は基本的に問題提起をすると思われますので，論証集にも問題提起をあらかじめ記載しておきましょう。問題の所在を示せないのは当該論点を理解していないことを表します。

問題提起を考える作業そのものが，当該論点の理解を深めてくれます。

適宜加筆修正して作り上げる

自分で作成した論証集も，勉強が進むにつれて理解の誤りに気づいたりすることはままあります。つど改訂し，より試験で使えるものにしていきましょう。

私の「My論証集」です

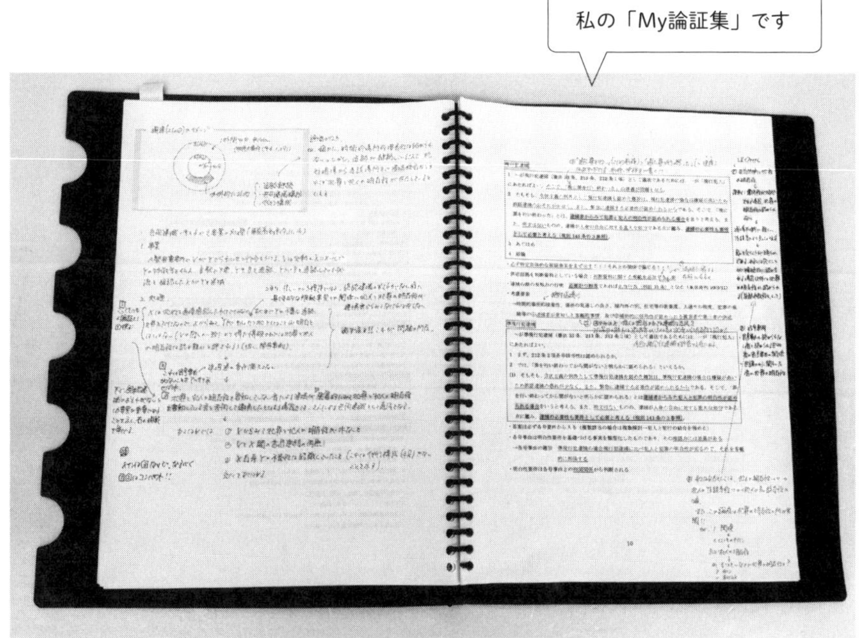

【刑事訴訟法のMy論証】

司法警察活動　総論

「強制の処分」該当性（１段目）

論点名

事後的にダメと思ったところを消去

1　～が「強制の処分」にあたるのであれば，～は「特別の定」がない限り強制処分法定主義に反し違法となる。そこで，～は「強制の処分」にあたるか。その意義が問題となる。

2　そもそも197条１項但書の趣旨は，「強制の処分」につき予め立法による明文化を行うことで捜査機関による不当な国民の権利利益の侵害を防ぐ点にある。~~そして，科学的操作方法が発達した現代社会においては，有形力の行使によらない方法により人権が害されるおそれがある~~。ゆえに「強制の処分」か否かは被処分者の権利利益が侵害されているか否かによって，判断するべきである。もっとも，権利利益が侵害されている場合全てを「強制の処分」と考えると捜査の必要性を害するため，刑事訴訟法が定める強制の処分と同程度の要件・手続を定めて保護するに値する権利利益の侵害があった場合に限定するべきである。

　そこで，「強制の処分」とは，相手方の明示又は黙示の意思に反して重要な権利利益を侵害する処分を言うと考える。

3　あてはめ

論証は答案で使える三段論法の流れで作成

4　結論

・「強制の処分」該当➡処分の性質を検討して「特別の定」の有無を判断。「特別の定」があれば強制処分法定主義には反さないが，無令状で行われているため令状主義に反する。「特別の定」がなければ強制処分法定主義に反する。

・「強制の処分」非該当➡２段目

大事なところをメモ

・「刑事訴訟法が定める強制の処分と同程度の要件・手続を定めて保護するに値する権利利益の侵害があった場合に限定するべき」というのは昭和51年判決が明示した利益の内容が憲法で保護されるような重要なものなので，解釈においてもそれに準じる利益に限定しようという考えと同じ。

・あてはめは２段階（①いかなる「権利」が「制約」されているかを認定。権利の内容の明示は必須（小木曽）②当該「権利」が「重要」か。ここで，写真撮影ならプライバシーへの期待の話を書く。「重要」か否かは当該権利が憲法35条１項で保護される利益と同程度か否かで判断。）

・個別具体的な事情は考慮してはならない…①被処分利益の性質②侵害の程度のみ示す。事案を類型化。

・令状主義（憲法35条１項）と強制処分法定主義（197条１項但書）は混同しない（旧司出題趣旨）

【倒産法のMy論証】

11事件　不当な目的による再生手続申立て（民再25条４号）

・倒産法は特に条文適示が大切なので，どの条文に関する論点なのかが一目瞭然となるように。条文の適示は論証を作るにあたり最も気を付けたポイント
・下の枠に１２３４の順にあるように，論証を作成するときは三段論法を意識して作成することで，答案にそのまま使える論証にした

1　「不当な目的で再生手続き開始の申立てがされたとき，その他申立てが誠実にされたものでないとき」にあたるか。

１の問題提起は必ず解釈対象となる条文文言を挿入

2　民再21条１項の再生手続開始原因とは別に消極要件として民再25条各号を定めた趣旨は，申立人によって証明しなければならない事項を減らすことで倒産状態にある債務者の負担を軽減し，速やかに再生手続開始決定を得て迅速に再建できる機会を与える（民再１条）点にある。

２の規範判例の理由付けに関し，倒産法は反対の立場からの立論が問われることがあるので，百選の解説に反対説が載っているものについては反対説にも言及することを心がけた

そこで，「不当な目的で再生手続き開始の申立てがされたとき，その他申立てが誠実にされたものでないとき」とは，申立てが民事再生法の目的（１条）から逸脱した濫用的な目的で行われた場合をいうと考える。➡法の目的に照らして申立てが濫用的かを考えるという判断枠組み

3　Xは再生債権者の権利変更の必要がないのに専ら営業権の回復を目的として再生手続を申立て，所要の目的を達成したら取下げ，次には根抵当権排除のために会社分割を行い，新設会社で再度申立てを行い，等々の一連の事情からすれば「本件申立ては，真に再生債権者の権利変更による調整が必要ではないのに，第１次再生手続における再生計画によって…債権者…を巻き込み，専ら物上保証をした第１順位の本件根抵当権の抹消をすることを目的とするものと評価されてもやむを得ない。」

4　結論

３のあてはめは，判決文をなるべく引用することで，判例のあてはめ方をいつでも確認できるようにした

・９事件では，再度の再生手続き開始申立ては，再生計画案を変更し，債権者の意向を改めて調査してなされたものであり，職権破産の回避のみを目的とする不当な目的があるとはいえないとされた。

4 論証は設問に合わせて組み替える

論証集を理解のツールとして使う方法

一般に，論証集には規範定立に該当する部分が記載されます。また，複数の理由付けからなる長めの論証が記載されていることが多いです。それを利用します。

まず，基本書で学んだ論点について自分なりの論証を頭の中でイメージし，そのあとで論証集を見ます。

自分が考えたのと違う場合，「論証集に記載されている部分の理由付けは，他説を批判するための理由付けであって自説を導くものではないから，コンパクトに書くときは不要だな」とか，「自分で考えていた理由付けの順番は許容性→必要性になっていたけど逆じゃん！」と，いろいろ気づきがあるでしょう。

論証集の空きスペースに，これらの気づきや調べた文献などをメモしておけば，自分だけのツールができあがります。

論証の貼り付けについて

論証の貼りつけの効果は，設問次第です。

たとえば，刑法では「甲の罪責を述べよ」，刑事訴訟法では「捜査①の適法性を論ぜよ」といった問いが多いですが，この場合は規範定立の部分で論証をそのまま貼り付けてよいです。

一方，民事訴訟法の司法試験では「課題に答えよ」といった形での問いが多いですが，この場合は，覚えた論証の中から課題に必要なものだけを取捨選択し，かつ，課題に沿うような形で論述の流れを変える必要があります。

結局，論証集の丸暗記では対応できません。理解したうえで，組み替える必要があります。

設問に合わせて答えるのは当然

私たち受験生は答案を通して試験委員と対話します。対話の手段は答案しかありません。

答案のみを用いて試験委員を納得させ，合格を勝ち取らないといけないわけです。そうだとすれば，**試験委員が出す問いに合わせた形で論述を変えるのは当たり前**のマナーといえます。

正確な規範定立のための暗記も怠るな

「丸暗記はダメ」と前述しましたが，規範定立は正確に行う必要があり，特に判例が特定の言い回しをしている部分ではそれを正確に反映させる必要があります。

正確な規範定立のための暗記は不可欠で，合格・不合格の分水嶺だといっても過言ではありません。よほどの応用問題でないかぎり，規範定立部分は誰でも書けるはずなのに，実はしっかりと覚えておらず，曖昧で不明確な規範を書いている答案が非常に多いです。

なお，論証を覚える際は，同時にその論点が問題となる典型事例も押さえましょう。初見の問題を時間内に読み解く本番での論点抽出に役立ってくれます。

5 論文は復習が命

1回目に解くときは

まずは何も見ないで答案構成を行ってみましょう。大体１問15〜20分が理想ですが，勉強を始めたばかりの方には難しいと思うので，30〜40分くらいかけても構いません。

次にわからなかったところや下敷きとなる判例をテキストや基本書で確認します。これは大体20〜30分です。

このように，論文の予習を行うときは，いきなり解答は見ずに自分の頭で考えることがポイントです。

この後に，解説・解答例を見て事案を分析しましょう。これも20〜30分が目処になります。

2回目以降

論文を復習する目的は，単に知識を確認することだけではありません。タイムマネジメント能力，論点抽出力，答案構成力も養えるのです。

そこで，１問あたり10〜15分（司法試験の過去問なら30分）で答案を構成し直しましょう。この際，六法以外は見ないのがベストです。なお，勉強を始めたばかりの方は，１問あたり30分を目処にしてください。

次に，法律答案の基礎基本（三段論法等）について，添削された部分や１回目にメモしておいた部分を確認し，知識以外の指摘をノート化しましょう。なお，まったくわからなかったものや，１回目の復習の場合は解説・解答例も見直しましょう。この作業を続けることで，自分の癖（定義を書かずに要件にあてはめようとする，条文から始まっていない，あてはめにおける抽出した事実に評価を加え忘れる等）が把握でき，直前期に見直す論文用ノートも勝手に完成します。

さらに，知識の再確認も同時に行いたいので，出題論点につき，テキストないし基本書，論証集で確認しましょう。

ここまで行えば十分ですが，余力がある方は関連判例の復習まで行うとよいです。そこまでやれば，類似の問題への対策も一度の論文の復習で済みます。

コラム　合格するとモテるか？

私は，「ギャル男弁護士になるわ！」と豪語していました。弁護士になればモテるようになると信じていたわけですね。はい。単純です。ただ，若者だった私を突き動かすのには十分な動機でした。

合格してみて，実際，どうですか？　と聞かれます。それは，想像にお任せしますが，実感としては，個々人のポテンシャルにちょっとプラスα，ぐらいでしょうか。ただ，自分に自信がついてきたので，恋愛面でもそれは活きているかな，と思います。

ごうかくのじゅもん

あなたの判断で行動すればいい。未来における自分の責任は現在の自分が負うべき。それがあなたの未来
▷長門有希「涼宮ハルヒの憂鬱」

6 自主ゼミは有用か？

やり方次第

私はロースクール在学中から司法試験に合格するまでの間，友人と「自主ゼミ」を組んで過去問の起案を行っていました。

「自主ゼミ」とは，特定のお題を複数人でディスカッションしながら学ぶことです。その内容は，短答式の過去問を時間内に解きまくるゼミ，過去問の起案を行い添削したものを討論するゼミ，特定年度の過去問の完全解を作成するゼミ，とさまざまです。

「自主ゼミは意味がない」と言う人もいますが，それは内容ややり方次第です。ここでは，意味のある自主ゼミの運営方法とその効果をお話しします。

まず，短答式の過去問を解きまくるゼミはあまり意味がありません。理由は単純で，１人でもできるからです。自主ゼミは１人でやっても効果が出る勉強では意味がありません。

おすすめは，論文式の対策です。ただ起案するだけなら１人でもできますが，友達の答案を実際に添削して，講評し合うことは１人ではできません。私は過去問を用いて，この形式の自主ゼミを行っていましたが，非常に役立ちました。

他人の論文を添削するメリット

他人の論文を添削することで，**添削者の視点を得る**ことができます。

それによって自らの理解の誤りに気づき，知識の精度を上げることができます。また，議論を通じて，自分のインプットの程度を再確認できます。論文を書く機会を定期的に作ることにより，勉強のペースメイキングができるのもいいですね。

添削する際に見るポイント

せっかく自主ゼミを組むならば，採点者に伝わりやすい答案の書き方を学びましょう。ポイントは①形式面と②内容面の２つの視点です。

①形式面

- 字の読みやすさ（これはデジタル化後は不問になりますが……）
- 三段論法
- ナンバリング
- 配点と書いている分量の対応
- 途中答案か否か
- ワンセンテンスワンテーマ

②内容面

・問題提起に議論の実益，問題の所在が示せているか
・条文解釈の姿勢が徹底されているか
・規範定立は正確に行えているか
・あてはめでは抽出すべき事実が抽出され，評価が加えられているか
・規範とあてはめが対応しているか
・問いに答えているか
・定義，判例，論点の知識は正確か
・出題趣旨を見抜けているか
・メインとサブの峻別＝メリハリがある答案になっているか

自主ゼミの流れ

①　まず，事前に解く問題を決める。

司法試験の過去問でも，予備試験の過去問でも，各予備校の問題集の重要な問題でも，市販の演習書でもよいでしょう。

②　当日，時間を計ってみんなで問題を解く。

事前に答案を書いてから集まってもよいですが，当日，厳密に時間を計って仲間と一緒に問題を解くほうが，タイムマネジメントに厳しくなりますし，緊張感が生まれるので，その場で書くことをおすすめします。

③　休憩をはさんだ後，各自の答案を印刷し，配る。

時間を決めて，解いた問題の解説，出題趣旨，採点実感をその場で読みます。この過程を外しては意味がありません。求められている解答筋や考え方を頭に入れたうえで添削しないと，内容面に関する添削の方向性が定まらず，議論が散漫になってしまうからです。

④　各自で仲間の答案を添削する。

添削に慣れていない場合，時間がかかるかもしれませんが，最初はそれも勉強になるので気にしなくていいです。

答案を検討する際に最も注意しなければならないのは，論点や判例については，ウラをとらないまま議論しても意味がないということです。

この点を意識しないで自主ゼミをすると，私はこう思う，僕はこう思うという受験生の見解が交錯するだけで，内容の正確性が担保されないまま，自分の考えをぶつけ合う単なる主張の場になってしまいます。ですので，知識・理解レベルで議論になった場合は，自己の見解を主張するのではなく，すぐに基本書にあたり，無駄な時間を過ごさないように気をつけましょう。

遠慮はしないのが礼儀

自主ゼミの際は，変に遠慮せず，仲間の答案を見ておかしいと思った点はしっかりとコメントしましょう。

「２段落のこの表現は論じる順番がおかしくない？　論理が飛躍しているように思えるんだけど，なんでこの順序で書いたの？」

遠慮しないでコメントし，自分の理解の誤りに気づくことがとても大事です。逆に，自分のコメントが正しいときは，仲間の誤った理解を改善することにもつながります。

自主ゼミでの遠慮は，「百害あって一利なし」です。

【添削例】

自主ゼミをしていた頃の添削物ではなく，現在の個別指導時の添削物ですが，参考にしてみてください。

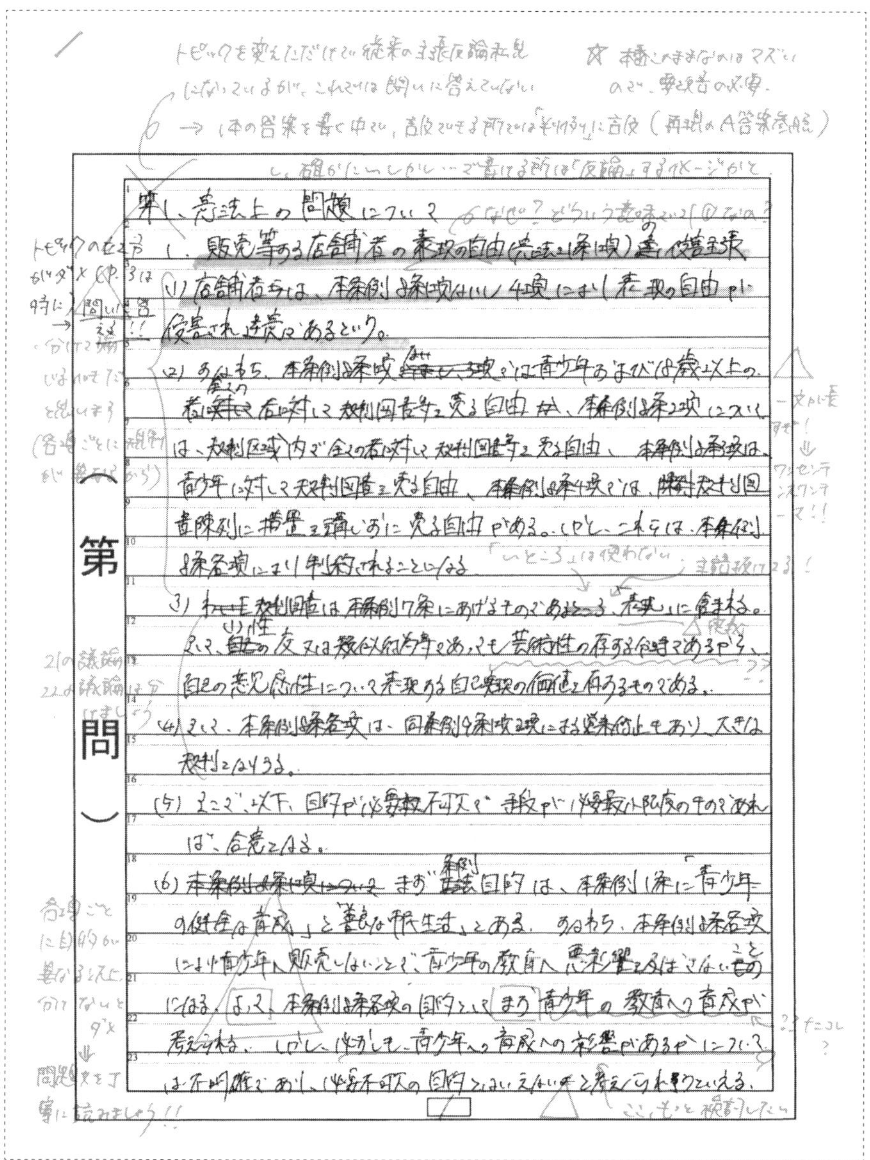

7 作成しておきたい論文チェックリスト

本試験の荷物は「論文チェックリスト」のみに

私は予備試験・司法試験の現場に，テキストなどの代わりに自作の「論文チェックリスト」を持っていきました。

「論文チェックリスト」は，２枚ほどの紙に答案を書く際の観点，問題を読む際の観点，自分の悪い癖など，これまでの受験生活で培ってきた論文の攻略に必要なことを総論，各論に分けてリストアップした自分だけのメモです。

これを各科目の前にじっくり読み込むのが，本当の意味での最終確認です。これをすることで，緊張で忘れそうな観点も直前に再認識することができ，いつも通りの思考が可能になります。

これは本当におすすめなので，ぜひ実践してみてください。

【論文チェックリスト（実物）】

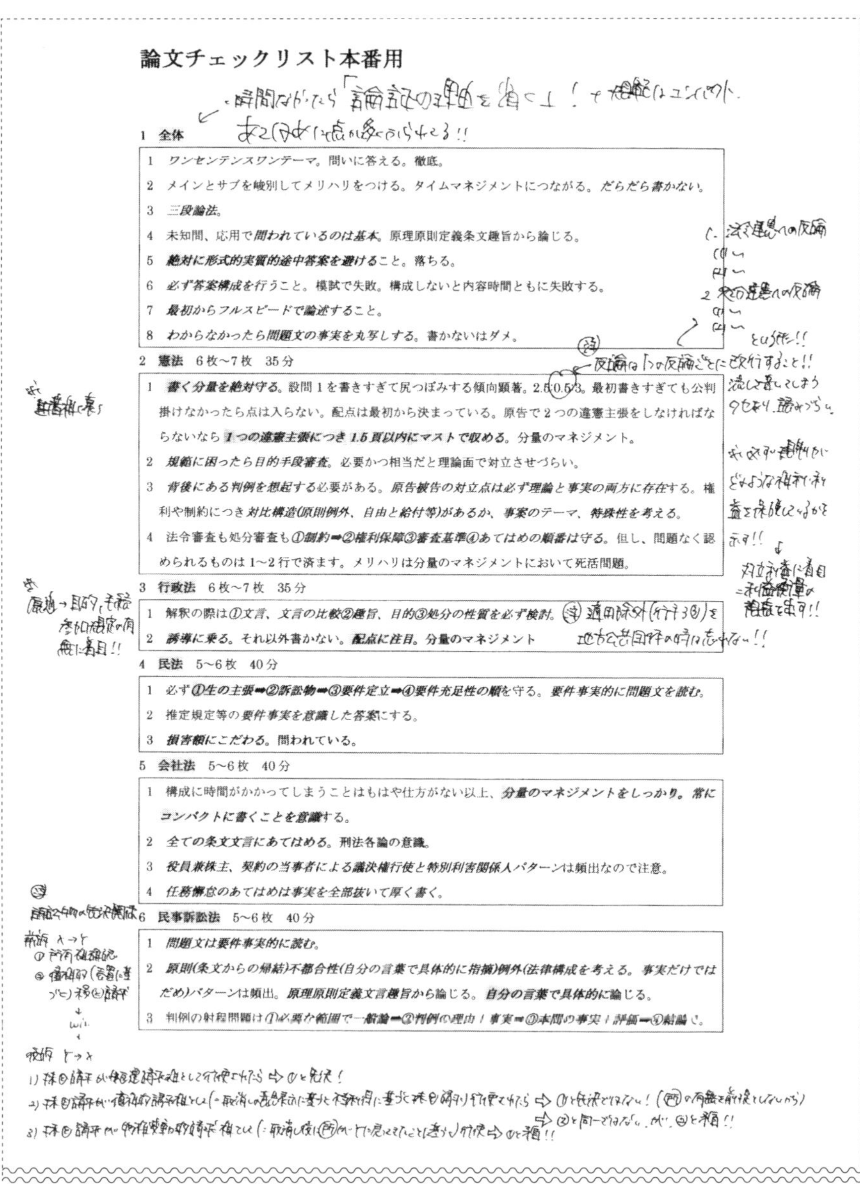

論文チェックリスト本番用

1　全体

1　ワンセンテンスワンテーマ。問いに答える。徹底。
2　メインとサブを峻別してメリハリをつける。タイムマネジメントにつながる。だらだら書かない。
3　三段論法。
4　未知問、応用で問われているのは基本。原理原則定義条文趣旨から論じる。
5　絶対に形式的実質的途中答案を避けること。落ちる。
6　必ず答案構成を行うこと。模試で失敗。構成しないと内容時間ともに失敗する。
7　最初からフルスピードで論述すること。
8　わからなかったら問題文の事実を丸写しする。書かないはダメ。

2　憲法　6枚〜7枚　35分

1　書く分量を絶対守る。設問１を書きすぎて尻つぼみする傾向顕著。2.5:0.5:3。最初書きすぎても公判掛けなかったら点は入らない。配点は最初から決まっている。原告で２つの違憲主張をしなければならないなら１つの違憲主張につき1.5頁以内にマストで収める。分量のマネジメント。
2　規範に困ったら目的手段審査。必要かつ相当だと理論面で対立させづらい。
3　背後にある判例を想起する必要がある。原告被告の対立点は必ず理論と事実の両方に存在する。権利や制約につき対比構造(原則例外、自由と給付等)があるか、事案のテーマ、特殊性を考える。
4　法令審査も処分審査も①制約➡②権利保障③審査基準④あてはめの順番は守る。但し、問題なく認められるものは１〜２行で済ます。メリハリは分量のマネジメントにおいて死活問題。

3　行政法　6枚〜7枚　35分

1　解釈の際は①文言、文言の比較②趣旨、目的③処分の性質を必ず検討。
2　誘導に乗る。それ以外書かない。配点に注目。分量のマネジメント

4　民法　5〜6枚　40分

1　必ず①生の主張➡②訴訟物➡③要件定立➡④要件充足性の順を守る。要件事実的に問題文を読む。
2　推定規定等の要件事実を意識した答案にする。
3　損害額にこだわる。問われている。

5　会社法　5〜6枚　40分

1　構成に時間がかかってしまうことはもはや仕方がない以上、分量のマネジメントをしっかり。常にコンパクトに書くことを意識する。
2　全ての条文文言にあてはめる。刑法各論の意識。
3　役員兼株主、契約の当事者による議決権行使と特別利害関係人パターンは頻出なので注意。
4　任務懈怠のあてはめは事実を全部抜いて厚く書く。

6　民事訴訟法　5〜6枚　40分

1　問題文は要件事実的に読む。
2　原則(条文からの帰結)不都合性(自分の言葉で具体的に指摘)例外(法律構成を考える。事実だけではだめ)パターンは頻出。原理原則定義文言趣旨から論じる。自分の言葉で具体的に論じる。
3　判例の射程問題は①必要な範囲で一般論➡②判例の理由！事実➡③本問の事実！評価➡④結論で。

論文チェックリスト本番用

7　刑法　7～8枚　30分

1　分量が多いのでメインとサブの峻別を構成段階でしっかり決める。
2　構成要件要素等、すべての要件が満たされているかを頭の中で逐一確認。主観面を落とす傾向顕著。
3　事実の評価は一言で足りる。だらだら書かない。

8　刑事訴訟法　7～8枚　30分

1　どこかに必ず一つ応用が隠れているという意識。典型だけであるはずがない。
2　被疑事実から考える。推認過程を具体的に示す。

9　倒産法　4枚　25分

1　字は小さく。書ききれないことがある。
2　時間があったら趣旨、関連条文を挿入。
3　全ての条文文言、要件に当てはめる。
4　設問の問い方いかんにかかわらず効果、判決の種類、等を少し余分に書く。
5　実体法上の権利関係を債権と物権の2つの観点から分析した結果を答案にまず示す。

第8章

採点実感分析からの科目別対策法

あなたは　司法試験に　合格したい。

▷科目別の　対策法を　知る。

パワープレイを　全部やる。

科目のメリハリなんて　既に知っている。

つかれたので　休む。

1 憲法は判例第一で

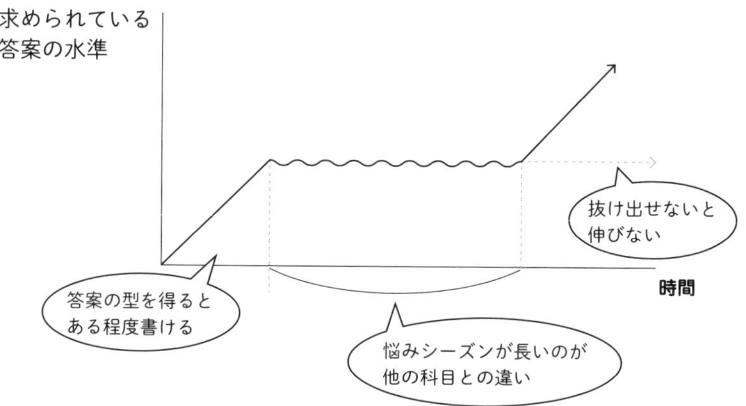

☞**総括すると，コスパは悪く，守れればよい科目です。**

判例第一主義

平成23年司法試験の採点実感には以下のような記載があります。

> 内容的には，判例の言及，引用がなされない……答案が多いことに驚かされる。答案構成の段階では，重要ないし基本判例を想起しても，それを上手に持ち込み，論述ないし主張することができないとしたら，判例を学んでいる意味・意義が失われてしまう。

司法試験・予備試験の憲法では判例の理解を問うていることがわかるでしょう。ただ，予備校が作成する判例の事案とほぼ同じ問題とは異なり，本試験の問題は「判例が下敷きになっている」ことを意識する必要があります。すなわち，「一見すると違う事案なんだけど，背後には判例が隠れている」ような事案が出題されます。

このような判例が下敷きとなっている問題に対し，判例を想起した答案を書くためには，やはり判例の事実関係のうち重要なポイントをストックしておくほかないでしょう。

そして，判例をストックする方法について，平成22年の採点実感は以下のように述べます。

> また，実務において判例の持つ意味を十分に認識し，基本判例は，判決原文に照らして検討する必要がある。その上で，当該判決における理論的問題を検討し，そして事実認定・事実評価の問題点を個別的・具体的に理解・検討することが求められる。

私としても，基本判例は，判決原文に照らして検討する必要があるとは思っていますが，現実的に可処分時間がない方は多くいると思います。ですから，判例を学習するときは「要するにこの判例は○と○と○が重要な事実で，○と○という判断を下した判例である」というように要約してみましょう。

理解していないと要約はできません。要約が判例の理解と暗記を促進し，憲法論文問題攻略の第一歩となるでしょう。

なお，インプットすべき判例の優先度は「過去問で出題された判例＞百選掲載判例＞その他」となりますので，メリハリはつけましょう。

条文の定義

刑法各論では「横領」や「偽造」の定義を覚えるのに，憲法になったとたん，「表現」や「集会」「財産権」といった条文文言の定義を覚えない受験生が数多くいるように思われます。

もっとも，平成25年の採点実感には以下のように記載され，他の年度でも同様の指摘がなされています。

「Ａらの行為が憲法上の権利として保障されることについて，条文の文言との関係に留意しないまま論じている答案が一定数見られた。憲法解釈は条文の解釈でもあることを忘れないでほしい」

憲法も他の科目と同様，あくまで条文解釈なんです。特に保護範囲の論証をする際に定義は答案に表現しますから，必ず定義をインプットしましょう。

フォーマットの把握

たしかに，憲法は民法等と異なり，条文が抽象的で要件効果を明確に書いていないので，答案の流れを把握しにくい科目です。

しかし，その判断枠組みとあてはめについて，採点実感は一定のフォーマットを示してくれています。

判断枠組みについては，平成22年の採点実感が以下のように述べています。

法令や処分の合憲性を検討するに当たっては，まず，問題になっている法令や処分が，どのような権利を，どのように制約しているのかを確定することが必要である。次に，制約されている権利は憲法上保障されているのか否かを，確定する必要がある。この二つが確定されて初めて，人権（憲法）問題が存在することになる……。その際……審査基準とは何であるのかを，まず理解する必要がある。また，幾つかの審査基準から，なぜ当該審査基準を選択するのか，その理由が説明されなければならない。さらには，審査基準を選択すれば，それで自動的に結論が出てくるわけではなく，結論を導き出すには，事案の内容に即した個別的・具体的検討が必要である。

一方，あてはめについては，平成23年の採点実感の補足に以下のように記載されています。

　毎年度の採点実感に通底していることであるが，求めているのは，パターン化した観念的・抽象的な記述ではない。『平成20年新司法試験の採点実感等に関する意見』（４頁）にも記載があるように，『必要不可欠の（重要な，あるいは正当な）目的といえるのか，厳密に定められた手段といえるか，目的と手段の実質的（あるいは合理的）関連性の有無，規制手段の相当性，規制手段の実効性等はどうなのかについて，事案の内容に即して個別的・具体的に検討すること』を求めている。

このように，憲法であっても一定の論じるフォーマットは決まっていますから，まずはこのフォーマットも把握しましょう。

「フォーマットなどない」と豪語して，法律答案ではなくただの作文を書いて落ちている人を何人も見ています。正しいフォーマットを身につけましょう。

ここまでくると，「そのフォーマットを教えてくれ！」という声があります。ただ，大前提として，すべての事案を解決できる魔法のようなフォーマットはありません。

たとえば，私人間効力が問題になる場面では三菱樹脂事件判決等を参考に，比較衡量を軸に起案していくことになります。団体と構成員が衝突している事案類型が出題された場合は団体の行為が目的の範囲内か否か，範囲内だとして公序良俗に反するかという枠組みを軸に起案していくことになります。

このように，判例が事案類型ごとに判断枠組みを変化させているため，最終的には事案類型ごとに判例をベースとしたフォーマットを用意しようねという話です。

他方，過去問では国家行為（法令，処分）と国民の自由権が衝突する類型が多く出題されているのも事実ですので，以下に当該類型の論述のフォーマットの一例を置いておきます。

他の科目であれば「条文を示してあとはその要件を全部検討する過程を三段論法で論じていくだけ」といえば書き方としては大体それでいいです。

ただ，憲法は条文の具体性に欠けるので，それだけだと書き方がイメージしづらい面もあります。論述の流れがわからないという方は，まずはこのフォーマットの流れに沿って起案してみてください。そして，判例等の知識がもっと入ってきた段階で，判例が示した規範を代入するなどします。このように，判例を意識した答案を作り上げる努力をするとよいでしょう。

国家行為（法令，処分）と国民の自由権が衝突する類型における答案のフォーマット

1　冒頭はシンプルに違憲主張の攻撃対象と主張する憲法の条文を指摘しましょう。

法３条４項は憲法（以下，略）21条１項に反し違憲とならないか。

2　保護範囲論を展開します。要するに，制約されている権利利益が憲法上の権利として保障されていることを確定する作業をこの段階では行います。ここではまずもって憲法が保障している権利の定義や解釈を示し，そこに制約されている権利利益が含まれているかという流れで論述することがポイントとなります。

⑴　「表現」とは，思想の外部的表明を意味する。
⑵　～の自由（以下，本件自由という。）は～なので思想を外部に表明するものである。
⑶　したがって，本件自由は「表現」として21条１項で保障される。

3　制約を認定する。

法３条４項は，～なので，本件自由を制約している。

4　判断基準を定立する。一般的には権利の重要性×規制態様×裁量を尊重する程度という考慮要素を用いて，基準を定めていくといわれています。他方，それはあくまで一般論であり，判例が基準を定立している事案類型（ex.立法不作為と選挙権事案）においては，当該判例の示した基準の射程が解いている事例問題に及ぶのかを考えたうえで，及ぶのであればそれを用いるべきです。ただ，それは非常に高度なレベルの話であるため，本書においてはひとまず一般的なフォーマットを記すにとどめることとします。

⑴　本件自由は～なので重要な権利である。
⑵　他方，法３条４項は～なので重大な規制である。
⑶　そこで，法３条４項の合憲性は厳格な基準で判断すべきである。具体的には目的が必要不可欠で手段が必要最小限度でなければならない。

5　基準に事実をあてはめていきます。

⑴　まず，法３条４項の目的は～である。かかる目的は～なので必要不可欠と言える。

⑵　次に，法〇条〇項の手段を検討する。

一般的には，手段適合性，手段必要性，手段相当性を検討していくこととなります。

6　結論を示しましょう。

以上より，法３条４項は21条１項に反さず合憲である。

事案に即した具体的な検討を意識する

これは他の科目にもいえることですが，「自己実現の価値」や「内容規制」といったマジックワードに頼らず，自分の言葉で具体的に書きましょう。要するに，「なぜ自己実現の価値があるのかについて問題文の事実を使うなどして具体的に書く」ということです。

覚えた知識を事案に即して使わなければ意味がないということを押さえておきましょう。

ごうかくのじゅもん

大事なのは，どんな道を選んだとしても，それを言い訳にしないことだ。

▷スナフキン「ムーミン」

行政法は作用法と救済法をバランスよく

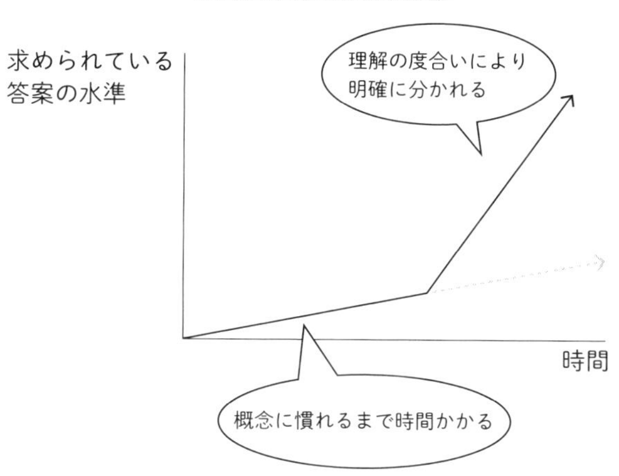

☞**総括すると，コスパは「並」と言えます。**

作用法に弱い受験生が多い

総じて，救済法はできる（ようになる）が，作用法ができない（ままの）受験生が多いです。

その原因は，救済法（要は，訴訟要件）については，ある程度決まった思考過程・型のようなものがあり，判例を理解し，その判例を応用すればそこそこの答案が書けるのに対し，作用法（要は，違法事由）の場合，判例を深く理解するというより，一般的な知識（撤回と職権取消しの区別，行政指導の限界，裁量論等）があることを前提に，それを個別の事案に即して使えるか否かに出来が左右されるので，型のようなものがないからだと思われます。

そこで，コスパという観点から，まず救済法分野をマスターしましょう。受験生全体ができる部分は同程度にできるようにならなければ，相対評価の試験では戦えません。

訴訟要件を把握してから違法事由に入るというのがおすすめです。

訴訟要件は条文を読めるようになることが第一歩

個別指導をしていて思うのは，「訴訟要件について検討せよ」という問題が頻出であるにもかかわらず，条文を正確に読める受験生が本当に少ないということです。

条文を大事にしない受験生が多すぎます。たとえば，私はよく「申請型義務付け訴訟について規定した条文は？　その訴訟要件は？　これ，平成23年予備試験で出てるからさ，ちゃんと答えてほしいんだよね」といった質問を投げかけます。

これに対して，訴訟要件の説明をする際，「まず，行政事件訴訟法37条の３第１項柱書には『第３条６項２号に掲げる場合』と規定されているので，第３条６項２号の要件を満たす必要があります。それなのに，「『行政庁』であること，『処分』にあたること，処分が『一定の』といえること，『法令に基づく申請』権が認められること，『法令に基づく申請……がされた場合』にあたること……」というような流れで条文を正確に区切り，説明してくれる受験生はほとんどいません。

答案に訴訟要件を書くためには，条文を正確に読めるようになっておく必要があります。論点や論証に飛びつく前に，条文を読めるか否かの確認を行いましょう。

違法事由はまず法律による行政の原則と裁量論

行政法の事案を把握する際は，第一に法律による行政の原則を想起してください。要は，「行政が処分をするときは必ず法律の根拠が必要だから，まず処分の根拠規定を特定して，要件効果を把握する」ということです。

たいていの問題は，ここまで行った後に要件を解釈あるいは裁量を認定し，そのあてはめを行うことでカタが付きます。

また，裁量論は超頻出です。司法試験では数年連続で裁量論が出題されるなど，ほぼ必ず出題されるといっても過言ではありません。ですから，コスパという意味でも，裁量論を習得することを優先しましょう。

個別法は覚えない

個別法は何千何万とあるので，いちいち覚える必要はありません。

行政法では，その法律を知らなければ解けないような問題は出題されません。知らない法律を目の前にした際のアプローチの仕方，すなわち，考え方が問われているのです。

ですから，個別法を覚えるのではなく，判例や過去問に出てきた個別法の解釈の仕方を理解することに重点を置きましょう。

誘導は分析し，誘導に書いてあること以外書かない

予備試験の論文では問題文に誘導が添付されたことはないですが，司法試験には毎年添付されます。

この誘導というのは，要は点数が割り振られているポイントなんですね。試験委員が受験生に書いてほしいことを誘導にまとめたわけです。しかも，誘導は論じる順番通りに書いてほしい事項を記載してくれているので，誘

導に従って答案構成をすればよいのです。

この誘導の意味については，平成23年の採点実感に以下のようにあることからも明らかです。

> 問題文及び会議録等を分析して，質問のポイントを押さえて素直に答えていく姿勢であれば，自ずから比較的高得点が得られるものであるが，知識の量はうかがわれるのに，会議録等を十分に考慮せずに自分の書きたいことを書いているため，相対的に低い得点にとどまっている答案が少なくなかった。

誘導に従わずに書きたいことだけ書いて無駄な知識を披露してしまうと，点数がつかないので注意しましょう。

ごうかくのじゅもん

ところで平凡な俺よ　下を向いている暇はあるのか
▷田中龍之介『ハイキュー!!』（集英社）

3 民法は４段階思考！

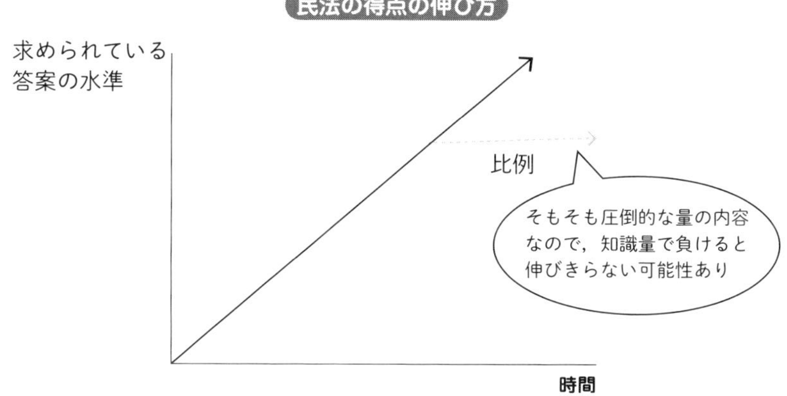

☞**民法の考え方は一定で，コスパは良い科目です。**
きちんと対策しましょう！

４段階思考を常に念頭に置く

民法の問題を考える際は，必ず以下の思考過程を経るようにしましょう。

①当事者の生の主張を特定する

②①を法律構成する（＝条文の適示）

③要件を確定する

④要件を充足するか否かを問題文の事実をもとに検討する

私はこれを４段階思考と呼んでいるのですが，これは民法のみならずすべての法律を考える際の基本的枠組みです。民法は，本当にこの思考過程だけで解ける問題が出題されています。

この４段階思考に関し，平成28年の採点実感では以下のように述べています。

> 今回の出題についても，該当分野について基本的な理解が十分にできており，それを前提として一定の法律構成を提示し，それに即して要件及び効果に関する判断が行われていれば，十分合格点に達するものと考えられる。

４段階思考を制する者は民法を制します。

論点主義的思考はダメ

論点というのは，あくまで条文の要件を検討する中で解釈が必要な要件があるからこそ言及するものであり，それ単体として存在するわけではありません。

したがって，答案に論点から書き始めることは起こりえないのです。

論点は「必要な場合」のみ論じることを意識しましょう。

要件のみならず，効果も意識する

当事者が錯誤に陥っている事案で「買主がお金を返してもらうことはできるか」が問題となっているとします。受験生に「この場合にどんな請求が考えられる？」と聞くと，「錯誤取消しなので返還請求です」と，ここまでは返ってきます。そこで，「法的根拠は？」と聞くと「95条」と答える受験生がかなり多いんです。

ちゃんと条文を見てください。95条の効果を見ても返還請求することができるとは書いてありませんよね。そこにはあくまで「取消し」としか書いていないので，返還請求の法的根拠は95条ではないのです。

このように，条文に書かれている効果を正確に把握しておかないと，答案を書く際に明後日の方向になる可能性がありますので，要件のみならず効果についてもシッカリと気を配りましょう。

短答と論文のリンク

民法は量が膨大なので，インプットに苦労する受験生が多いと思われます。そして，ただでさえインプットの量が多いのに，論文式対策と短答式対策の両方をしなくてはなりません。

もっとも，民法の場合，短答式の知識がほぼそのまま論文式に直結します。民事訴訟法や刑事訴訟法とは異なり，もちろん短答式プロパーの問題もありますが，短答と論文の重なり合いがかなり大きいのが民法の特徴なんですね。

ですから，普段の論文の勉強の際に，知識確認として論文で出題された範囲の短答式の問題を解くことをおすすめします。出題知識に加えて，関連知識も復習できるので，一石二鳥です。

民法は短答と論文のリンクが強いことを押さえましょう。

論点は具体例とともにインプットする

平成30年の民法では危険負担と受領遅滞の問題が出されたのですが，再現答案を分析するかぎり，一定数の受験生がそもそも危険負担や受領遅滞に気づいていないんですね。同年の採点実感にも，以下のように記載されます。

設問１において論ずべき事項は……②危険負担（民法第534条第２項）の適用の有無，③危険負担における『債務者の責めに帰することができない事由』の有無の判断であり，③についてはさらに……受領遅滞……を内容とする。全体としては，①の種類債務の特定と②の危険負担の適用の有無については比較的多くの答案が一定水準の論述をしていたが，③に関してはここに含まれる問題点に気が付かなかった答案も多く見られ，ここが評価に大きく差が付く要因となっていたといえる。

同年の事案は，明らかに危険負担が問題となる事案なんですね。「双務契約における片方の債務が消滅した際にもう片方の債務はどうなるの？」という文脈で，誰しもが危険負担を学ぶわけですが，受験生がこれに気づかない。

これは，「危険負担」「債権者主義」「債務者主義」というワードばかりインプットしていて，肝心の「双務契約における片方の債務が消滅した際にもう片方の債務はどうなるの？」という部分が抜け落ちているからだと思います。

前にも言いましたが，問題文の事実と頭の中の事実がリンクすることで問題点を抽出できるわけですから，論点名等だけを覚えていても使い物になりません。

必ず典型例を同時に押さえるような勉強をしてください。

事案の処理手順は決まっている

民法は登場人物が多く，法律関係が複雑な問題が出されますが，必ず事案解決の糸口は転がっていて，一定の思考過程で分析すれば事案の処理ができるようになっています。

この点につき，平成28年の採点実感が処理手順の視座が必要であることを説いています。

> 法律家になるためには，具体的な事案に対して適用されるべき法規範を見つけ出すことができなければならない。そのためには，多数の者が登場する事例においても２人ずつの関係に分解し，そのそれぞれについて契約関係の有無を調べることが出発点となる。契約関係があれば，広い意味の契約法（契約の無効・取消しの場合の給付不当利得なども含む）の適用が問題となり，そうでなければ，物権的請求権や不法行為，侵害利得や事務管理の適用が問題となる。もっとも，判例は請求権競合説を採っているので契約当事者間でも不法行為が問題となる場合はある。しかし，まずは契約関係の有無を確認するという出発点を知っているだけでも，例えば，設問２小問（３）のＬＥ間では契約法の適用が問題となり，不当利得の適用を問題とすべきではないことが分かるはずである。

この「まずは契約関係の有無を確認する」というのは鉄板中の鉄板ですが，ほかにも思考過程は無数にあるはずです。みなさんが演習を経て得た思考過程を処理手順としてストックしていきましょう。

ごうかくのじゅもん

下を見るんじゃなくて，手の届かないくらいの高みを見上げるわけ。自分もあそこまで行こうっていう心構えを持たないと，人間は堕落する一方なんだからね！
▷涼宮ハルヒ「涼宮ハルヒの憂鬱」

商法は民法の特別法であることを意識

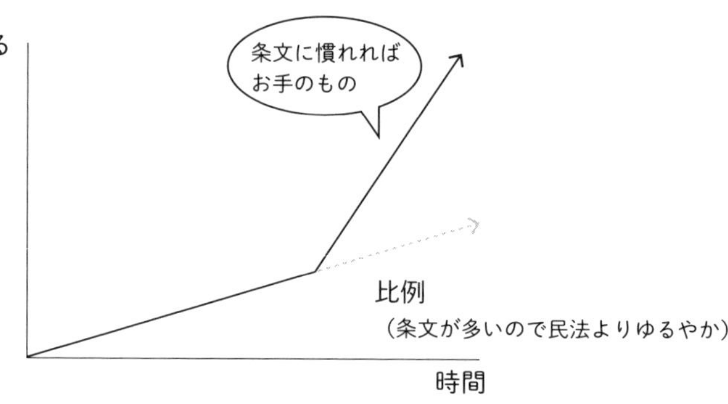

☞**総括すると，商法はコスパは「並」です。**

民法の特別法であることを意識する

商法は民法の特別法なので，思考過程は民法と同じです。

4段階思考や，「効力→対抗力」の順番での考え方など，共通するものはたくさんあります。

商法だからといってビビらずに，民法と同じ考え方で解くことが，商法攻略の第一歩です。

事前の手段，事後の手段を問う問題が頻出

商法の問題では，予備試験・司法試験ともに事前の手段を問う問題・事後の手段を問う問題が頻出します。

たとえば，平成25年予備試験の設問3は「本件交換比率を不当と考える

Aが，①本件株式交換契約に基づく株式交換の効力発生前に会社法上採ることができる手段②本件株式交換契約に基づく株式交換の効力発生後に会社法上採ることができる手段として，それぞれどのようなものが考えられるか」となっています。

このような問題が頻出することを逆手にとり，普段のインプットから「この手段，条文は事前の手段かな？　事後の手段かな？」ということを意識して，カテゴライズしておくことを強くおすすめします。知識の整理と論文対策が一緒に行えます。

とにかく条文の指摘，条文の趣旨から解釈することを徹底する

平成27年の採点実感は，その冒頭に以下のように記載しています。

> 論点について過不足なく記述があり，多少の不足があっても，記載順序が論理的である答案や，法律要件と法律効果とが整理されている答案は，高く評価した。また，制度趣旨を示しつつ，条文解釈を行い，問題文中にある積極方向・消極方向の様々な事情を摘示しながら適切に当てはめを行う答案も，高く評価した。

どの科目もそうですが，規範を定立するときは条文の趣旨から解釈するのがセオリーです。そして，会社法の採点実感は，制度趣旨から解釈する答案を「高く評価」していることを明言しています。

商法の判例を押さえ，論証を用意しておく際は，必ず趣旨から解釈しているかをチェックしましょう。趣旨から書けば高評価になるということを強く意識すべきです。

頻出の出題パターンを自分でストックしていく

商法は条文の数・量は膨大ですが，実は頻出分野をある程度特定することができます。423条，429条，利益相反取引，特別利害関係取締役，新株発行，株式譲渡の効力，対抗力，総会決議取消しの訴えあたりは超頻出ですし，過去問の出題分野をカテゴライズすれば，ほかにも超頻出分野を特定することができるでしょう。

このように，超頻出分野が特定されている以上，普段のインプットでも，まずは頻出分野を完璧にすることを意識すべきでしょう。

量が多いからこそ，メリハリをつけて勉強する必要があります。

論文の勉強に入っている受験生は，過去問の出題範囲を自分で調べて(だいたいの予備校のテキストは問題集に表でまとめています)，頻出分野を先に完璧にすることを意識してください。

短答をうまく利用する

商法の論文式の問題では，他の科目に比べて条文を多く指摘することになります。そして，その条文が細かいように見えるものであっても，実は短答式で問われている条文なんですね。

ですから，短答式で条文知識を身につけることは，論文式に活きてくるわけです。

そして，商法の短答式の問題を解く際は，「この条文は論文だとどこで示す条文なのだろう？」ということを意識して解いてみてください。この作業を繰り返すことで，自然と条文が頭に入り，論文式の問題に取り組んでいる最中にすぐに条文を引くことができるようになると思います。

条文を大事に

レジでおつりの額を言われたら条文を思い出し，思い出せなかったらおつりをもらった後に条文を毎回確認するくらい，たとえば「356円になります」「競業取引ですか？　利益相反取引ですか？」と聞き返しちゃうくらいになったら完璧です。何を言っているのかというと，毎回の買い物の際，おつりの額を聞いたら即座に商法の条文とリンクさせるということです。

これ，条文の把握，暗記に相当役に立つのでおすすめですよ。商法は条文が膨大なので，他の科目に比して条文を読むことを避けてしまうと思うのですが，だからこそ，毎日の買い物の際に商法の条文を検索するようにするんです。

これを癖にしておけば，勝手に条文に慣れることができます（なお，レジで六法を開くのはキモいのでやめておきましょう）。

ごうかくのじゅもん

これまでの自分を否定したくないの。例え失敗ばかりだったとしても，
それを含めて今の自分があるんだから
▷牧瀬紅莉栖「シュタインズ・ゲート」

5 民事訴訟法は具体例が大切

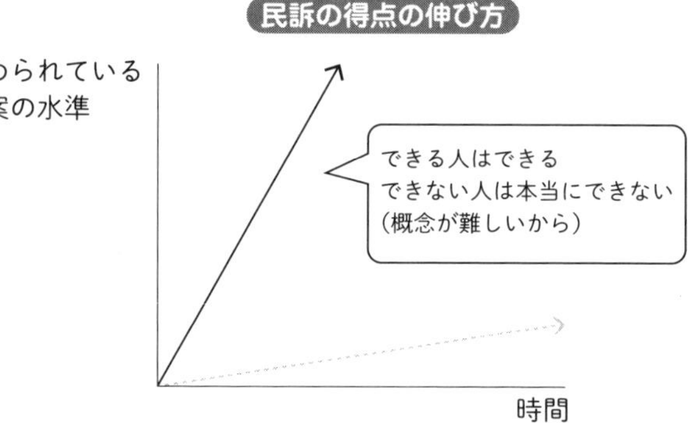

☞**民事訴訟法は，概念を理解すればこちらのモノ。コスパは「良」です。**

抽象的だからこそ具体例を大切に

民事訴訟法（以下，「民訴」）は普段聞きなれない抽象的な概念が多く，かつ，理論的に非常に難しい科目です。テキストの文章を読んでいるだけでは当該知識がどのように論文で使われるのかが，他の科目以上にわかりづらいと思います。

だからこそ，ある論点や概念の具体的事例を大切にしてください。難しい概念を小学生でもわかるような柔らかい言葉に置き換えられるかを常に自問自答するといいと思います。

「処分権主義」「既判力」というワードだけインプットするのではなく，「訴えるか，訴えるとして何をどうやって訴えるのか，訴えたけれどやめるか否かを決める責任と権利を当事者に認める大原則」「一回判断されたことを再度否定するような当事者による蒸し返しを防ぐ判決に認められた効力」というように，平易な言葉に置き換えてストックするのです。もちろん，答案に書く定義はもっとシュッとしたものになりますが，それは理解した後にインプットすれば足ります。

平易な言葉で言い換えられるか否かを自問自答することで，難しくてとっつきにくい民事訴訟法を攻略しましょう。

チキンレースであることを意識する

民訴は他の科目以上に基礎基本の理解を徹底して，それを正確に答案上に表現さえすれば，分量が少なくても勝手に合格答案になります。実際，私は平成28年の司法試験では８枚の答案用紙のうち，４～５枚ほどでＡ答案を取ることができましたし，その答案で難しい議論は一切展開していません。

要するに，民訴は，自分の知っている知識をひけらかすことで自爆する受験生が多いので，当たり前のことを当たり前に書くだけで相対的に目立ってしまう科目なんですね。

試験委員の方々が求めているレベルの答案が圧倒的に少ない科目の代表です。だからこそ，毎年の民訴の採点実感には試験委員による辛口コメントがみられますし，私のような学説をほぼ知らない「判例べったり条文べったり男」が高得点を取れるのです。

チキンレースであることを意識して，アクロバティックな答案を狙わず，ただ淡々と，かつ正確に，問われていることに対して知っている基礎基本を示すことに全力を注ぎましょう。

民訴は「勝手に合格答案を書いちゃう科目」という感覚をもてれば，もうゴールは目の前です。

論証はそのまま貼らない，自分の言葉で具体的に論じる

平成29年の採点実感には以下のような記載があります。

> 例年指摘しているように，事前に準備していた論証パターンをそのまま答案用紙に書き写したり，理由を述べることなく結論のみ記載したりするのではなく，提示された問題意識や当該事案の具体的内容を踏まえつつ，論理的に一貫した思考の下で，最終的には当該事案への当てはめを適切に行う形で検討結果を表現することが必要である。採点に当たっては，受験者がこのような意識を持っているかについても留意している」という記載，および「『不意打ち』，『信義則』，『蒸し返し』などのキーワードだけを掲げて短絡的に結論を記載したりする答案は，多く見られた。

この記載からして，民訴の試験委員は，論証をそのまま貼り付けることと，マジックワードだけを用いた答案を嫌っていることがわかります。

論証を覚えること自体を私は否定しません。それこそ，丸暗記はダメですが，理解したうえで論証を作成することは受験テクニックとして有用だと思います。

ダメなのは，「そのまま」貼り付けていい問題なのか否かを見極めないまま貼り付けることです。たとえば，主要事実か否かを認定して弁論主義第１テーゼ違反か否かを問うている問題なのに主張共通の原則まで含んだ自分の論証を答案に貼り付けてしまうと，「こいつ，何も考えてないな」と，読み手は思ってしまうわけです。

この論証貼り付け型答案は試験委員が特に嫌う答案類型ですので，注意しましょう。

誘導のヒントを逃さない

平成29年の採点実感には以下のように記載されています。

> 本年も，問題文中の登場人物の発言等において，受験者が検討し，解答すべき事項が具体的に示されている。したがって，答案の作成に当たっては，問題文で示されている検討すべき事項を適切に吟味し，そこに含まれる論点を論理的に整理し，記述すべき順番や相互関係にも配慮する必要がある。

そうです。行政法と同様，民訴の誘導には解答すべき事項についてのヒントが記載されているのです。このヒントは必ず抽出しなければなりません。

平成30年の民事訴訟法の問題では，誘導に「これらの課題に答えるためには，まず，Ｂの訴えの訴訟物を明示して」答えるようにという指示が記載されていたのですが，「まず」という誘導を無視し，最初に訴訟物を明示しない答案が結構多かったんですね。

誘導に乗るだけで周りと差がつくのです。この本を読んでいるなら活かすほかありません。

ごうかくのじゅもん

あたしはね，不幸とか不運とか理由つけて人生に手を抜く輩が嫌いなの
▷吹寄 制理『とある魔術の禁書目録』（アスキー・メディアワークス）

6 刑法は体系を意識

刑法の得点の伸び方

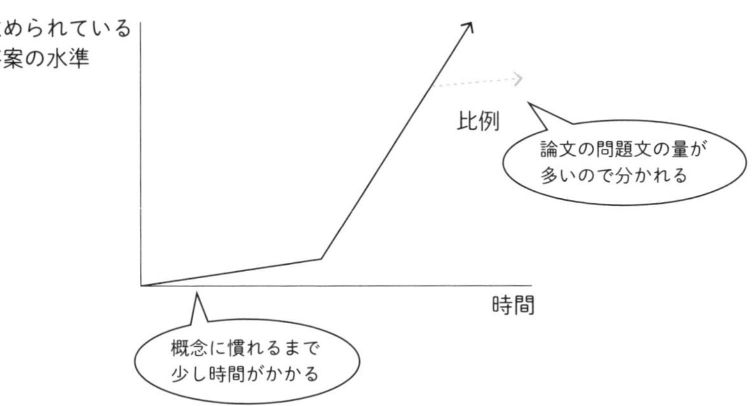

☞**刑法は，コスパは「並」です。**

体系を意識する

刑法を考える際は，まずもって体系を意識する必要があります。

平成25年の採点実感には以下のように書かれているので，試験委員は刑法の体系を非常に強く意識していることがうかがえます。

> 本問において，構成要件の幹となる実行の着手等についての体系上の位置付けを理解していないと思われる答案が散見されたことを踏まえ，刑法の学習においては，まずもって総論の理論体系，例えば，構成要件要素である実行行為，結果，因果関係，故意等の体系上の位置付けや相互の関係を十分に理解した上，こ

れらを意識しつつ，各論に関する知識を修得することが必要であり，答案を書く際には，常に，論じようとしている論点が体系上どこに位置付けられるのかを意識しつつ，検討の順序にも十分に注意して論理的に論述することが必要である。

ですから，普段の勉強及び答案において「客観→主観」の順で検討することを意識する，「構成要件→違法性→責任」といった順序を意識する必要があります。答案をいきなり殺意の認定からスタートさせていませんか？　因果関係の認定から書き始めている方はいませんか？

体系の意識を忘れないようにしましょう。

アウトプット中心の勉強

刑法の論文式の問題は，予備試験・司法試験問わず問題文の事実がかなり多いです。時間切れになりやすい科目ランキングでいえば３本の指に入るといっても過言じゃないでしょう。

したがって，刑法では事案処理能力が求められているのです。制限時間内に事案を正確に把握して，メインは厚く，サブは薄くしつつ，４枚ないし８枚に収めきる。法的理解だけではなく，事務処理力が求められているのが刑法という科目なのです。平成29年の採点実感にも以下のように記載されています。

本問は，論じるべき点が多岐にわたることから，事実認定上又は法律解釈上の重要な事項については手厚く論じる一方で，必ずしも重要とはいえない事項については簡潔な論述で済ませるなど，全体のバランスが取れるように工夫して答案を構成し，最後まで書き切ることが求められていた。

そして，この事務処理力は基本書を読んでいるだけでは養えません。時間制限を設けた問題演習（構成のみならず作成することも含みます）を通じてしか養えない能力だと私は思います。

ですから，刑法はインプットが終わったらすぐにアウトプットに移行しましょう。いつまでも基本書を読んでいては，得点は伸びません。

下位規範を意識してインプット

たとえば，刑法では，「共謀」や「公共の危険」，強盗罪における「暴行又は脅迫」のような，定義自体が抽象的な要件のあてはめがメインとなる問題が多く出されます。

このように，定義自体が抽象的な要件の場合，「どの事実を拾えばいいのかわからない」という事態に陥り，結局自分の目についた事実だけを拾って答案を作成した結果，事実の抽出漏れが多くて点数が伸びないという受験生をよく見ます。

この対策としては，下位規範を一緒に押さえるのが効果的です。下位規範というのは，要するに考慮要素のことを指します。たとえば，強盗罪における「暴行又は脅迫」は相手方の犯行を抑圧するに足りる程度でなければならないわけですが，「犯行を抑圧するに足りる程度」と言われてもよくわからないですよね。そこで，この言い回しだけでなく，犯行を抑圧するに足りるか否かは「行為態様，行為者と被害者の性別・年齢・体格差・人数，犯行時刻及び場所，態度等を総合考慮して判断する」というところまで押さえておけば，あてはめの際にこの下位規範に従って事実を拾えるので，あてはめが充実することになるのです。

そして，この下位規範は刑法の基本書やテキストだと載っていないことが多いのですが，刑事実務科目の基本書やテキストには載っています。

ですから，刑法で抽象的な要件に出くわした場合は，下位規範を刑事実務科目のテキストで確認する横断的な勉強をしておきましょう。

7 刑事訴訟法は論証主義でよい

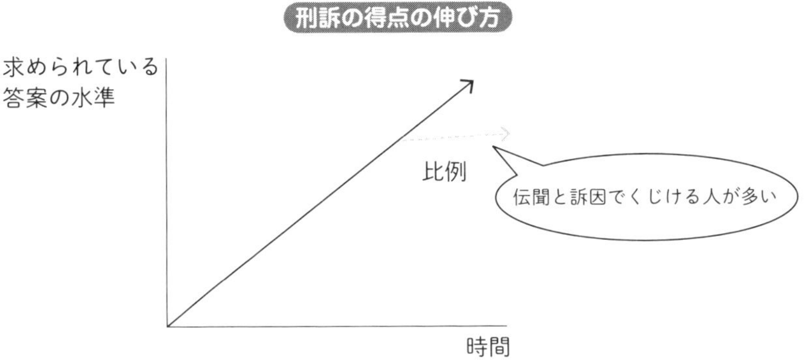

☞刑事訴訟法は出題のされ方が一定でコスパは良いです。

論パが本当に活きる

刑事訴訟法（以下，「刑訴」）は論証パターンが本当に活きます。刑訴の場合は基本的かつ超重要判例の基準がそのまま使えますので，適切な理由付けを行った論証を事前に用意し，試験会場ではそれを貼り付ければよいのです。もちろん，平成26年司法試験の訴因変更の要否のように，典型的な場面とは異なるがゆえに規範を修正しなければならない場合もありますが，それは全過去問の１割未満に満たない割合です。

私の場合，事前に論証は完璧に頭に入れていたので，試験会場ではあてはめについてしか考えませんでした。

刑訴の論証は積極的に覚えましょう。

車の両輪を意識する

車の両輪というのは，法律解釈と，事実のあてはめのバランスをしっかりと取るということになります。そして，特に刑事訴訟法では，この受験者のバランスをとる力を測れるように問題文が作られているんですね。

平成20年の採点実感は以下のように述べています。

> 例えば，法律論をほとんど示すことなく，単に問題文に記載された事実を羅列しただけで，事実の持つ意味やその評価に触れることなく，『以上の事実からすれば，共謀共同正犯が成立する。』等の結論を示す答案，逆に，法律論の論述のみに終始して，問題文に示された乙の関与に関する具体的事実の検討が不十分な答案が散見され，こうした答案は高い評価をするには至らなかった。

平成29年の採点実感でも，以下のように記載しています。

> 『優秀の水準』にあると認められる答案とは,……事例中の法的問題を明確に意識し，法律の条文とその趣旨の正確な理解を踏まえつつ，的確な法解釈論を展開した上で，具体的事実を的確に抽出，評価して結論を導き出している答案。

したがって，他の科目以上に，十分な法律論の論証と，あてはめを意識するようにしましょう。

刑法同様，下位規範を意識する

刑訴の捜査においては，刑法と同じく下位規範を意識しなければ充実したあてはめはできません。

個別指導をしていると，任意捜査の限界を論じる際に「捜査の必要性を考慮して具体的事情の下で相当であれば適法になる」と書いてくる生徒は多いのですが，「捜査の必要性って何？　どう判断するの？」と聞くと，答えに窮する生徒が非常に多いです。

でも，これでは，答案で必要な事実を抽出しきることは不可能です。だからこそ，「事案の性質，嫌疑，証拠価値，代替手段，緊急性，現行犯性」といった下位規範を押さえる必要があるんですね。

とにかく刑事系は下位規範のインプットを強く意識しましょう。

ごうかくのじゅもん

自分を信じない奴なんかに 努力する価値はない!!!
▷マイト・ガイ『NARUTO-ナルト-』（集英社）

8 実務基礎科目は早めに対策

適切な学習時期は7科目の後ではないことを意識する

予備試験受験生を見ていると，実務基礎科目の勉強は公法刑事民事7科目を終えてから始めようとしている受験生が多いです。要は，7科目とは違う「8科目目の科目」だと思っているんですよね。

はっきり言います。その考えは捨て去りましょう。

法律実務科目は民法と民訴，刑法と刑訴の融合科目なので，8科目目の科目ではありません。

民法と民訴，刑法と刑訴を終えたらとっとと実務基礎科目のテキストを読み始めましょう。実務基礎科目は実際の刑事訴訟や民事訴訟の流れに沿って問題が構成されているので，刑法刑訴，民法民訴の復習になりますし，立体的に理解することに非常に役立つ科目なんですね。

民事実務は民法民訴と，刑事実務は刑法刑訴と密接に関連しているので，生徒から「民事実務科目を勉強したことで，民訴の弁論主義や民法のわからなかった論点が理解できました」「伝聞証拠について平べったく覚えていましたが，検察官の訴訟活動を知ることで伝聞・非伝聞が訴訟でどのように問題となるのかが立体的に理解できました」という声をよく聞きます。

実務基礎科目は「8科目目」ではありません。とっとと始めちゃいましょう。

短答式が活きる

実務基礎科目では，短答式で問われる分野が出題されることがあります。たとえば，刑訴の短答式で問われる証人尋問に関する知識であったり，民訴の短答式で問われる二段の推定に関する理解（まあ，二段の推定については司法試験の平成24年民訴で問われていますが）が真正面から問われます。

したがって，短答式の知識は実務科目に活きるのです。短答式の勉強をする際は，実務基礎科目対策にもなっていることを意識しましょう。

時間配分を考える

実務基礎科目の近年の傾向として，民事実務科目は易しくなっている一方，刑事実務科目は相変わらず分量が多く，手続き絡みの問題が受験生にとっては難しいという大まかな傾向があります。

この傾向を先に把握して，本番の時間配分を意識しておくことは有用です。あくまで私の感覚ですが，民事実務科目は80分以内で処理して，刑事実務科目に多くの時間を割くようにしましょう。

ごうかくのじゅもん

あなたさっき才能がないって言ったわね。その認識を改めなさい。最低限の努力もしない人間には，才能がある人を羨む資格はないわ。成功できない人間は成功者が積み上げた努力を想像できないから成功できないのよ。

▷雪ノ下雪乃『やはり俺の青春ラブコメは間違っている』（小学館）

第9章 結局，論文答案ってどう書くの？

あなたは　司法試験に　合格したい。

▷ハウツーを　実例で　知る。

とりあえず　書く。

書き方なんて　既に知っている。

つかれたので　休む。

論文の書き方を実況中継する（平成23年予備試験民法を題材に）

どう書けばいいのか

この章では，予備試験の過去問を用いながら「論文答案ってどう書くの？」に対するアンサーを実況中継していきます。

紙面の関係で，平成23年予備試験の民法問題のＤの請求部分のみとなります。また，本書は解説をする本ではないので，法律論は説明に必要な限度にとどめ，「どう書けばいいのか」という点に的を絞って解説していきます。

問題文（平成23年予備試験民法）

Ａは，平成20年３月５日，自己の所有する甲土地について税金の滞納による差押えを免れるため，息子Ｂの承諾を得て，ＡからＢへの甲土地の売買契約を仮装し，売買を原因とするＢ名義の所有権移転登記をした。次いで，Ｂは，Ａに無断で，甲土地の上に乙建物を建築し，同年11月７日，乙建物についてＢ名義の保存登記をし，同日から乙建物に居住するようになった。

Ｂは，自己の経営する会社の業績が悪化したため，その資金を調達するために，平成21年５月23日，乙建物を700万円でＣに売却し，Ｃ名義の所有権移転登記をするとともに，同日，Ｃとの間で，甲土地について建物の所有を目的とする賃貸借契約（賃料月額12万円）を締結し，乙建物をＣに引き渡した。この賃貸借契約の締結に際して，Ｃは，甲土地についてのＡＢ間の売買が仮装によるものであることを知っていた。

その後，さらに資金を必要としたＢは，同年10月９日，甲土地をＤに代金1000万円で売却し，Ｄ名義の所有権移転登記をした。この売買契約の締結に際して，Ｄは，甲土地についてのＡＢ間の売買が仮装によるものであることを知らず，それを知らないことについて過失もなかった。

同年12月16日，Ａが急死し，その唯一の相続人であるＢがＡの一切の権利義務を相続した。この場合において，Ｄは，Ｃに対し，甲土地の所有権に基づいて，甲土地の明渡しを求めることができるかを論ぜよ。

出題趣旨

不動産の仮装売買（民法第94条第１項）を前提に，仮装名義人が不動産を一方に賃貸し，他方に売買した事案における，賃借人と買主との法律関係についての理解を問うものである。民法第94条第２項の善意の第三者に関する基本的理解を前提に，他人物売買及び他人物賃貸借をめぐる法律関係を検討し，さらに，他人物の売主及び賃貸人が所有者を相続した場合の法律関係を問うことで，正確な法的知識とそれに基づく事案分析能力，論理的思考能力及び応用力を試すものである。

答案例

1　Ｄは，Ｃに対して所有権（民法（以下，略）206条）に基づく返還請求権として甲土地の明渡しを求めることができるか。

2　同請求が認められるためには，Ｄが甲土地を所有し，Ｃが甲土地を占有していることを要する。平成21年５月23日，ＢはＣに甲土地を引き渡しているため，Ｃが甲土地を占有していることは明らかである。そこで，以下，Ｄが甲土地を所有しているか否かを検討する。

⑴　平成20年３月５日，ＡとＢは甲土地の売買契約（555条）を締結し，平成21年10月９日，ＢとＤは同土地の売買契約を締結している。意思主義（176条）の下，特約なき限り契約時に所有権が移転すると解され，ＡＢ間，ＢＤ間に特約は存在しないため，Ｄは甲土地の所有権を取得しているとも思える。

もっとも，平成20年３月５日，Ａは税金の滞納による差押えを免れるために甲土地の売買契約を仮装しており，Ａの意思表示は「虚偽の意思表示」に当たる。また，Ｂの承諾を得ているので意思表示は「相手方と通じてした」といえる。したがって，ＡＢ売買は無効となる（94条１項)。故に，ＢＤ間の売買契約は他人物売買（561条）となり，債権的には有効であるが物権的に無効なので所有権は移転しない。

よって，Ｄは甲土地の所有権を取得できないのが原則である。

(2) では，甲土地についてのＡＢ間の売買が仮装によるものであることを知らない「善意」のＤが「第三者」に当たり94条２項で例外的に保護できないか。「第三者」の意義が条文上明らかでなく問題となる。

ア　94条２項の趣旨は，帰責性ある本人の犠牲の下，虚偽の外観を真正と信じた第三者の信頼を保護することで取引の安全を図るという権利外観法理にある。かかる趣旨に鑑み，「第三者」とは，当事者及び包括承継人以外の者であって，虚偽の外観につき，新たに独立の法律上の利害関係を有するに至った者をいうと考える。

イ　Ｄは，ＡＢ間売買の当事者及びＢの包括承継人以外の者に当たる。また，平成20年３月５日に仮装されたＡＢ間の売買契約を前提として平成21年10月９日にＢから甲土地の売却を受けている。したがって，Ｄは，当事者及び包括承継人以外の者であって，虚偽の外観につき，新たに独立の法律上の利害関係を有するに至った者といえ「第三者」に当たる。

ウ　よって，「第三者」であるＤの甲土地所有は認められる。

3　以下，Ｃの反論（本書では省略）

では，この問題を通じて答案の書き方について学んでいきましょう。

スタートラインは「問い」の確定

まず今回の問題にかかわらず，必ず「問い」を確定します。これが超重要なスタートラインです。

そもそも「問い」を軽視する受験生が多いです。「問い」の中で「書いてくれ」とあることを書いていない，「書くな」とあることを書く，という受験生が毎年不合格になっています。「そんな当たり前のこと，知っているよ！」と思うかもしれませんが，普段から意識していないと，本番でいきなりできないのです。

今回の問いは「Ｄは，Ｃに対し，甲土地の所有権に基づいて，甲土地の明渡しを求めることができるかを論ぜよ」です。

冒頭は「問い」のオウム返しが基本

冒頭の書き方については，オウム返しを使います。
「問い」をオウム返しして，要件ないし土台を設定していきます。
すると，自動的に答案の冒頭が完成します。

今回は，「ＤがＣに対し，甲土地の所有権に基づいて甲土地の明渡しを求めることができるためには，Ｄが甲土地の所有権を有すること及びＣが土地を占有していること，この２つの要件を満たすことが必要になる」というような書き方になります。

冒頭に関しては，たとえば刑法であれば，「甲の～という行為に～罪が成立するか（しないか）」だったり，刑事訴訟法だったら，「秘密録音が「強制の処分」に当たる場合は「特別の定」がない限り強制処分法定主義を定める刑事訴訟法197条１項但書に反して違法になる」であったり，「問い」によって結局答案の冒頭部分の書き方は変わります。ただ，本書の中で述べたように，ある程度の定型的な書き方というものが科目ごとにあります。

法律用語は正式名称を使う

あと，今回は問題文に「所有権に基づき明渡しを求めることができるか」としか書いてありません。ただ，いわゆる民法の請求権，民事訴訟法の言葉を借りると「訴訟物（そしょうぶつ）」と言われるものですが，名称を正式名称で書いたほうが印象は良いと思います。「所有権に基づく土地明渡請求権」ではなく，正式名称は，「所有権に基づく返還請求権としての土地明渡請求権」です。よって，答案では，「ＤはＣに対し，所有権（民法（以下，略）206条）に基づく返還請求権として，甲土地の明渡しを求めることができるか」と書いています。

問いには，「返還請求権として」とは書いてありませんが，訴訟物として記載するときは必ず「返還請求権」が入るので，ここでは入れています。

条文を入れるか否か

あと，１行目を見ると所有権のあとに「民法（以下，略）206条」と書いてあります。ここに条文を入れるか入れないかは好みによると思います。今回は返還請求権という物権的請求権が大事な部分で，所有権の内容を示した206条の要件を検討していくわけではありません。なので，「民法206条が必須か」と言われるとそうではありません。ただ，私自身は，その条文に付随する概念が答案に出てきたときは，必ず条文を付するようにしています。

ただ，たとえば会社法で株主総会決議取消しの訴えを提起するという書き出しをしているのに831条を示さないとか，民事訴訟法で反訴が認められるかを検討しようとしているのに146条１項を示さないとかはダメですからね。

要は，要件効果の検討対象となる条文は必ず正確に示さなければなりません。ただ，今回の206条は，それ自体の要件効果を検討するわけではないので，「示すかどうか」という話をしました。

要件を立てる→要件の検討

話を戻します。答案では「その後にＤの請求が認められるためには，Ｄが所有していることと，Ｃが占有していることを要する」と書いています。返還請求権の要件というのは，自分が所有権を持っていて，かつ，相手が占有しているというものです。つまり，ここに要件を立てているというわけです。ここもオーソドックスな書き方になっています。

要件をわざわざ羅列しないでいきなり要件の検討に入っていくという書き方もあります。それも全然OKです。私は要件が少ない時は先出しすると決めてます。そして，今回は２つだけですから，このように書いています。けれども，別にここはですね，「請求が認められるためにはうんちゃらうんちゃらを要する」なんて書かずに，「まずＤが所有しているかどうかについて検討する」みたいに，いきなり１個１個の要件ごとに書き始めても大丈夫です。

とにもかくにも，今回は請求という形でしたが，もっと抽象化すると，答案の書き方としては以下が基本になるということです。

①使う条文を文章の中に織り交ぜながら示す

②その条文の要件を把握する

③要件ごとに1つ1つ検討していくことを繰り返す

要件の検討の順番

答案では，「平成21年５月23日，ＢはＣに甲土地を引き渡しているため，Ｃが甲土地を占有していることは明らかである。そこで，以下，Ｄが甲土地を所有しているか否かを検討する。」と書いています。今回の所有と占有という要件のうち占有要件が認められることには，争いがありません。所有要件のほうがメインになるであろうというのは事案を分析していれば明らかです。Ｃの占有については当然に認められるので，ささっと最初に流してメインのほうを大展開するという思惑です。要件の並び方としては，所有→占有っていう順番ですが，占有がサブで当然に認められるから，ここはさらっと先に認定しちゃって，所有の方を後で大展開してるって感じですね。逆に，所有要件の後に占有を書いても問題ないです。そもそも，要件は所有→占有の順番なのでむしろ流れ的には自然ですね。

ただ１つだけ注意してほしいところがあって，それは何かというと，この問題というか，他の問題でもそうなんですが，占有要件ってほとんど問題になることはなくて，ほぼ確実に所有要件の検討が長くなります。答案の所有要件の検討についての分量を見てもらえばわかるんですけど，かなり分量が多いので，占有について「後でさらっと書けばいいや」と思っていると，「所有が認められる」という結論まで達したときには占有のことを忘れてしまって書き忘れる危険性，リスクが大きいのですよ。実際，そういう答案を何通も何通も見てきました。そのリスクマネジメントのためにも，まぁ争いのない部分を先にささっとまとめるのがオススメです。

答案２⑴について

そのうえで今度は要件の検討をしていきましょう。答案の２⑴は，Ｄが所有権を取得する来歴を事実と民法の条文を使いながら説明しています。ここは普通にね，いつ誰と誰との間にどんな契約があって，何が誰に移ったかっていうのを，条文を用いて淡々と説明しているだけです。

論点に飛びつかない

ここでポイントなのは，いわゆる論点に飛びつかない，論点にいきなり飛びつかないということです。「楽天論パマン」にならないというのが最大のポイントです。

いきなり94条２項の「第三者」に関する論点を書き始める答案は多いです。ただ，それは非常に良くない。まぁ，今回くらいの問題だったら，論点主義的になることはそれほどないのかもしれませんが。

これ，論点というのはいきなり出てくるわけではありません。まず最初に条文があって，そこには要件があって，その要件の中に解釈が必要な要件があって，そこで論点が出てきます。それが基本中の基本ですし，これを答案に反映させなければなりません。

94条１項から検討する

今回は94条２項が問題になるわけですけど，その前には94条１項があります。まずは１項から検討するわけですね。正直，ＡＢ間の売買が通謀虚偽表示であるというのは明らかですが，それでもちゃんと94条１項という条文の要件を１個１個検討して説明することが必要なんですね。

要件を検討するってどういうことかのイメージがわかない方は，とにかく六法を開いて条文を引っ張ってきて，条文に書いてある言葉通りに要件効果に分解してください。分解するとは，意味のブロックごとに分けることです。そしてそこに１つ１つ事実をあてはめていきます。

「通謀虚偽表示なので無効である（94条１項）」とは書きません。94条１項を使って無効という効果を導きたいのであれば，94条１項の条文の要件，要は文言を充たすことをちゃんと答案に書かないといけないわけです。答案例でも「虚偽の意思表示」と「相手方と通じてした」という２つの要件にそれぞれあてはめています。

なお，ここでは三段論法は崩しています。先ほどから言ってる通り，メインは94条２項の第三者の解釈ですからね。とにもかくにも，条文の要件をすべて１個１個検討して充たされることを文章で書いて，そのうえでその後の効果を発動させるのが大事です。特定の要件だけをピックアップして書くのは絶対にダメです。

原則からのスタート

あと，答案には「所有権を取得できないのが原則」と書いていますが，この書き方もポイントです。法律の勉強していると，原則例外の思考というのは本当によく出てきます。民事訴訟法115条１項１号が原則で２号から４号が例外なんていうのは超有名な話ですが，だからと言って原則を書かずに例外からスタートさせちゃうのは絶対ダメです。ダメ，絶対。

法律家たるもの，やはり原則から考えていて，そこから不都合とかがある場合に例外にもっていくべきです。これは，「お作法」みたいなものです。

2⑵アイウ　94条２項の検討と三段論法

そして94条２項に流れます。この94条２項では，ナンバリングに注目してください。問題提起の後，「ア」「イ」「ウ」とナンバリングしていますが，「ア」の部分が規範，要は法律論，「イ」の部分が事実論，「ウ」は結論です。三段論法が大事だよということは，本書の中でも何度も言ってきましたが，三段論法のブロックごとにナンバリングすることによって，読み手に対してわかりやすく伝えるのもポイントです。

2⑵アについて

2⑵で，「ア」の部分は94条２項の「第三者」要件を解釈しています。

具体的には，条文の文言からスタートして，条文の趣旨から規範を立てています。これが法解釈の基本的なフォーマットです。この基本の法解釈のフォーマットをちゃんとストックして，その形に沿って「～条の趣旨は～である。かかる趣旨に鑑み，～と解する」という形で論点部分を書いてみるとよいと思います。私はほぼ確実にそのフォーマットに沿って書いています。

2(2)イについて

そして，あてはめです。書き方のポイントとしては，規範とあてはめを１対１で対応させます。１対１で対応させるとはどういうことか，今回事実をあてはめる対象となっている規範というのは「当事者及び包括承継人以外のもの」というブロックと，「虚偽の外観につき，新たに独立の法律上の利害関係を有するに至ったもの」というブロックに分かれます。事実をそれぞれのブロックに対応させる形であてはめます。

とにかく頭と手を動かす

今回は解説本ではないのでこの辺で終わりにしますが，書けないから手を動かさないじゃなくて，書けなくても頭と手を動かして書けるようになる。こういった努力をするというのが非常に大事ですから，とにかく頭と手を動かして論文答案の書き方を習得していっていただければと思います。

踏ん張ってまいりましょう。

ごうかくのじゅもん

我が生涯に一片の悔いなし！
▷ラオウ『北斗の拳』（集英社）

おわりに
～勉強嫌いのギャル男が司法試験に合格して先生になるまで

「はじめに」にも書きましたが，私は勉強が嫌いです。そして東大受験にも失敗しました（根にもってる）。

「こんな私がなぜ司法試験に!?」について，少し述べさせてください。

試験は年に１回です。長い間メンタルをコントロールするのは大変でした。たまに仲間に会うことで，周りが社会人として就職する中，自分は親に金銭的に援助してもらっている引け目を感じることも，自分を追い込むスパイスとして良かったのだと思います。

「オレはギャル男弁護士になる！」と言いまくったことで退路を断ち，引くことはプライドが許さないといった気持ちも勉強を継続するにあたっては大きかったかもしれません。

私は１回目の予備試験の短答式試験では，知識のストックが圧倒的に足りていませんでした。当時師事していた谷山先生（現・アガルートアカデミー大阪ラウンジ司法試験予備試験講師）に不合格を報告し，「インプットがないから落ちるのは当然なので来年までに穴をなくして必ず合格しよう。合格するには過去問の正答率を100パーセントにするだけで十分だから，これからの１年はインプットの穴埋めと短答の過去問演習を怠るなよ！」とアドバイスをいただきました。そこで，私は短答を極めるぞ！と思ったわけです。そのときは……。

しかし三日坊主。

ロースクール入学後に受験した２回目の短答式試験も私は不合格でした。

谷山先生にあれだけ「短答対策は抜かりなく！」と言われていたのにサボった結果がこの始末。これ以上みんなを裏切ったら男がすたるぞ，と。そう固く決意し，私は再スタートを切りました。本書の中でも紹介した短答式対策の「筋トレ」を日々コツコツ。ようやく合格を勝ち取りました。

平成26年　司法試験予備試験　成績通知書（短答式）

試験地	東京都
受験番号	
受験者ID	
氏　名	石橋　侑大

試験科目	得点
憲法	28
行政法	19
民法	22
商法	16
民事訴訟法	29
刑法	14
刑事訴訟法	15
一般教養科目	30
合計点	173
順位	1，689

無事，平成26（2014）年に予備試験に最終合格。

気分は絶好調！　達成感が半端なかったです。でもここで，またやらかしてしまいました。予備試験合格者の８割は最終合格するといわれるのを信じて，「司法試験は間違いなく受かる」と過信して勉強をサボってしまったのです。実際，本試験を受けたとき，刑法の冊子を開いて最初に思ったのは「刑法，２カ月ぶりだな～」でしたからね。まさか，自分が残り２割に入るとは思いませんでした。

私は１回目の司法試験に不合格だったわけですが，「敗因分析」をし，「科目別対策」を徹底的に考え，勉強法を合理的なものにしたことで，結果的に不合格の翌年に合格することができました。

ただ，がむしゃらに頑張るだけでは，合格することはできなかったと思います。自分を見つめ直して，勉強法を見直す過程をしっかりと経たからこその結果なんだと思います。

最後に。

適切な対策を練るにあたっては，本試験の「成績表」は重要です。
成績表に記載された評価と真摯に向き合い，対策を練ってみましょう。

平成26年　司法試験予備試験
成　績　通　知　書
（論　文　式　試　験）

試験地	東京都
受験番号	
受験者ID	
氏　名	石橋　侑大

試　験　科　目	順位ランク
憲　法	D
行　政　法	A
民　法	D
商　法	F
民　事　訴　訟　法	A
刑　法	B
刑　事　訴　訟　法	A
一　般　教　養　科　目	F
法律実務基礎科目	C
総　合　得　点	217．28
順　位	297

順位ランクの表示
　順位ランクは，各得点の順位（合格者を含む。）により，次のとおりです。
　A　300位まで
　B　301位から600位まで
　C　601位から900位まで
　D　901位から1200位まで
　E　1201位から1500位まで
　F　1501位以下
　なお，同点の者が複数いることにより，その得点のランクが2段階にかかる場合は，上位の順位ランクによって表示しました。

平成27年司法試験
成績通知書

試験地	東京都
受験番号	
受験者ＩＤ	
氏　名	石橋　侑大
論文式試験	得点（順位）
公法系科目	106．91
民事系科目	122．39
刑事系科目	109．76
選択科目	56．59
合計点	395．67
順位	1970
総合評価	得点（順位）
得点	822．42
順位	2047
合格に必要な得点	835．00　以上

※　総合評価の得点及び順位にアスタリスク（＊）が記載されている場合は，論文式試験において，素点が最低ラインに達していない科目があるため総合評価の対象外であったことを示します。
※　本通知書は原則として再発行できませんので，大切に保管してください。

平成28年司法試験
成績通知書

試験地	東京都	
受験番号		
受験者ＩＤ		
氏　名	石橋　侑大	
論文式試験	得点（順位）	順位ランク
公法系科目	124．11	第1問Ａ第2問Ａ
民事系科目	165．08	第1問Ｄ第2問Ｆ第3問Ａ
刑事系科目	126．19	第1問Ａ第2問Ａ
選択科目	76．08	――
合計点	491．47	――
順位	423	――
総合評価	得点（順位）	
得点	999　07	
順位	433	
合格に必要な得点	880．00　以上	

※　論文式試験における問別順位ランクの表示
　A　1000位まで　　D　2001位から2500位まで
　B　1001位から1500位まで　　E　2501位から3000位まで
　C　1501位から2000位まで　　F　3001位以下
　なお，同点の者が複数いることにより，その得点のランクが２段階にかかる場合は，上位の順位ランクによって表示しています。
※　総合評価の得点及び順位にアスタリスク（＊）が記載されている場合は，論文式試験において，素点が最低ラインに達していない科目があるため総合評価の対象外であったことを示します。
※　本通知書は原則として再発行できませんので，大切に保管してください。

対策を練る際に大事なのは，敗因との関係で最も合理的な方法を模索，決定するということです。「合格者がやっていたから何も考えずにそのまま真似してみる」ではないのです。自分の敗因は自分しかわかりえません。その原因との関係で最適な手段を自らの意思で選択する主体性が必要です。

あくまでも「主体的」に。そこがポイントです。たとえば，予備校に申し込めば，テキストが家に届き，授業を受けられ，ゼミや個別指導では講師が直接勉強方法を教えてくれます。でも，そこで教えてくれる勉強方法は万人にとって正しい勉強方法とは限りません。「その」講師が思う合理的な勉強方法と，「あなたに」フィットする，あなたにとっての合理的な勉強方法は違うかもしれないのです。

「自分にとって何が一番適しているのか」という観点から，合格者に話を聞いたり，自主ゼミに参加したり，試しに各予備校や合格者，実務家が開催しているゼミに顔を出してみたり，ほかにもいろいろと考えられますが，自分の頭で考えて自分で行動することで，司法試験を突破する道を切り開いていってほしいと思います。

最後になりましたが，本書が司法試験，予備試験を目指すみなさんの支え，助けになったら幸せです。

石橋侑大

石橋　侑大（いしばし　ゆうだい）

元ギャル男にして，現司法試験予備校専任講師。
慶應大学法学部法律学科卒。中央大学法科大学院在学中に予備試験に合格して中退，司法試験合格後，司法修習を経て，弁護士登録をすることなく司法試験予備校専任講師となる。
「俺の生徒にとってのオンリーワンでナンバーワン」をモットーに，個別指導を中心に，年間約2,400通の添削指導を行う。この他，受験生同士の交流会や学生，社会人向けの勉強会を実施するなど，イベンターとしても活躍。
趣味はグルメ，お酒，サッカー，日サロ。地中海西海岸が似合う男を目指して邁進中。

X：@yudai1122yudai
YouTube：【司法試験予備校講師】元ぎゃるお先生のちゃんねる（本 ch）
元ぎゃるおのオタク部屋（サブ ch）

司法試験・予備試験　論文答案ってどう書くの？
〈デジタル化対応編〉

2019年10月15日　第1版第1刷発行
2021年7月5日　第1版第4刷発行
2024年7月25日　改訂・改題第1版第1刷発行

著　者　石　橋　侑　大
発行者　山　本　継
発行所　㈱中央経済社
発売元　㈱中央経済グループパブリッシング

〒101-0051　東京都千代田区神田神保町1-35
電　話　03（3293）3371（編集代表）
03（3293）3381（営業代表）
https://www.chuokeizai.co.jp
印　刷／文唱堂印刷㈱
製　本／㈲井上製本所

ISBN978-4-502-50681-9　C2032